PROJECT 531

수준별 단기 특강서

HYPER

수학 II H

531 PROJECT 수학 II HYPER

발행일	201907 초판 1쇄 202303 초판 3쇄
펴낸이	정선욱
펴낸곳	이투스에듀(주) 서울시 서초구 남부순환로 2547
고객센터	1599-3225
등록번호	제2007-000035호
ISBN	979-11-6442-233-3 [53410]

*531 PROJECT*와 함께라면
쉽고 빠르게 성적을 올릴 수 있습니다!

*531 PROJECT*는 쉽게 익히고, 빠르게 다지고, 확실히
성적을 올릴 수 있는 영역별 **단기 특강 교재**입니다.

쉽게 Ⓔ

531 PROJECT 중 가장 쉽게 개념과 원리를 익힐 수 있는 교재입니다.

하나 단원별 꼭 알아야 하는 핵심 개념과 이론을 충실하게 기술한 교재입니다.

둘 핵심 개념별로 출제 빈도수가 높은 대표 유형 중 학교 내신 문제 또는 수능 2, 3점으로 출제 가능한 문제를
집중 학습할 수 있는 교재입니다.

셋 문제 풀이를 통하여 학습한 내용을 완벽하게 습득할 수 있도록 친절하고 상세한 해설과 첨삭을 덧붙인 교재
입니다.

빠르게 Ⓢ

531 PROJECT 중 가장 빠르게 빈출 유형을 다질 수 있는 교재입니다.

하나 단원별 꼭 알아야 하는 핵심 개념은 물론 빈출 유형을 집중적으로 학습할 수 있는 교재입니다.

둘 단원별로 주로 다루어지는 빈출 유형 중 학교 내신 문제 또는 수능 3, 4점으로 출제 가능한 문제를 집중
학습할 수 있는 교재입니다.

셋 문제 풀이를 통하여 유형별 해결 능력을 확실하게 다질 수 있도록 친절하고 상세한 해설과 첨삭을 덧붙인
교재입니다.

우월하게 Ⓗ

531 PROJECT 중 가장 심도 있는 학습으로 최고 실력을 가늠할 수 있는 교재입니다.

하나 단원별 꼭 알아야 하는 핵심 개념은 물론 심화 유형을 집중적으로 학습할 수 있는 교재입니다.

둘 두 가지 이상의 개념을 사용해야 해결할 수 있는 심화 유형 중 내신 또는 수능 고난도 문항으로 출제 가능한
문제를 집중 학습할 수 있는 교재입니다.

셋 문제 풀이를 통하여 상위권 유형 및 킬러 문제에 대비할 수 있도록 친절하고 상세한 해설을 담은 교재입니다.

Structures

개념 & 대표 유형 짚어보기

- 중단원 별로 꼭 알아두어야 할 개념 및 공식만을 모아 제공하였습니다.
- 최상위의 실력을 다지기 위한 다양한 상위권 유형의 문제를 제공하였습니다.

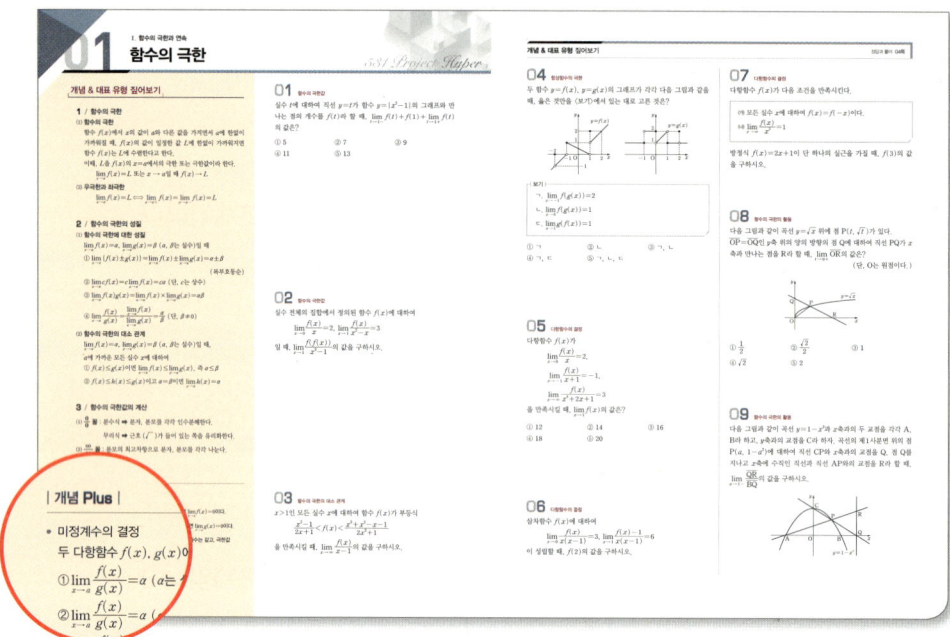

개념 Plus
개념에 대한 추가적인 설명을 담아 좀 더
쉽게 개념을 이해할 수 있도록 하였습니다.

심화 유형 도전하기

- 문제 해결력을 키울 수 있는 다양한
  난이도의 문항을 제공하여 최상위 실
  력을 다질 수 있도록 하였습니다.
- 각 문항별로 문제 풀이 시간을 제공
  하여 학생 스스로 자신의 풀이 시간
  이 적절한지 확인할 수 있도록 하였
  습니다.
- 각 문항별로 예상 정답률을 제공하여
  학생 자신의 학업 성취 수준을 가늠할
  수 있습니다.

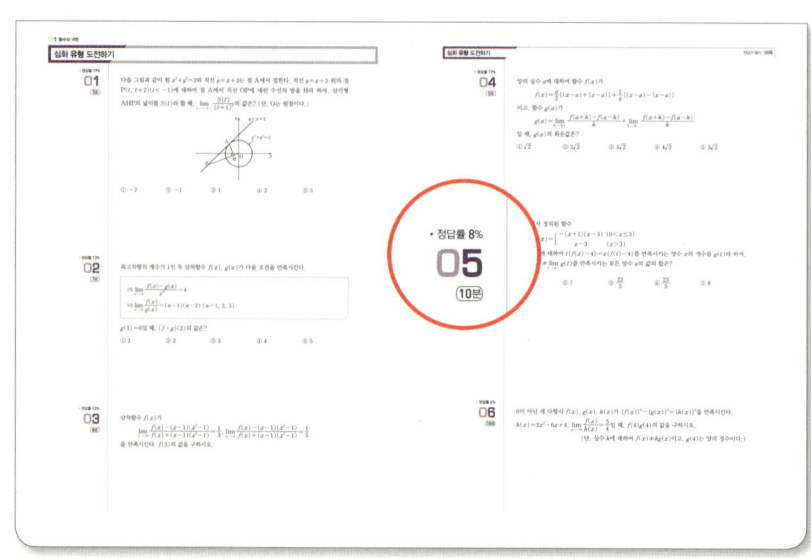

개념 확장 & 수리논술 · 창의 사고력 문제

대단원별로 수리논술을 대비하기 위한 창의 사고력 문제를 제공
하여 깊이 있는 수학적 사고를 할 수 있도록 하였습니다.

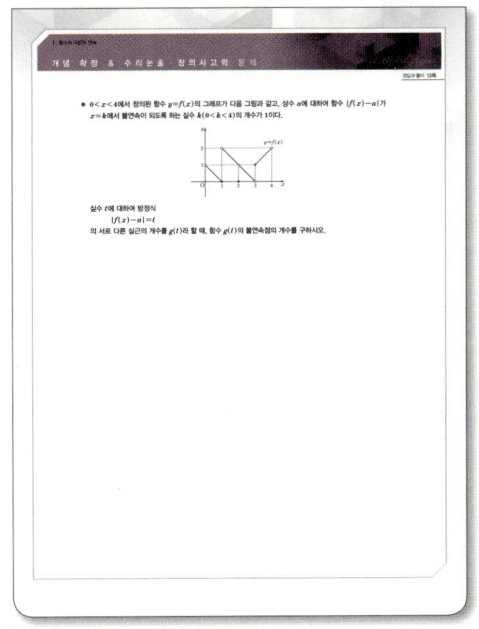

정답과 풀이

· 모든 문항을 상세하게 풀이하여 오답의 이유를 스스로 찾을 수 있도록 하였습니다.
· [다른 풀이] 및 [보충 설명]을 제시하여 다양한 사고를 할 수 있도록 하였습니다.

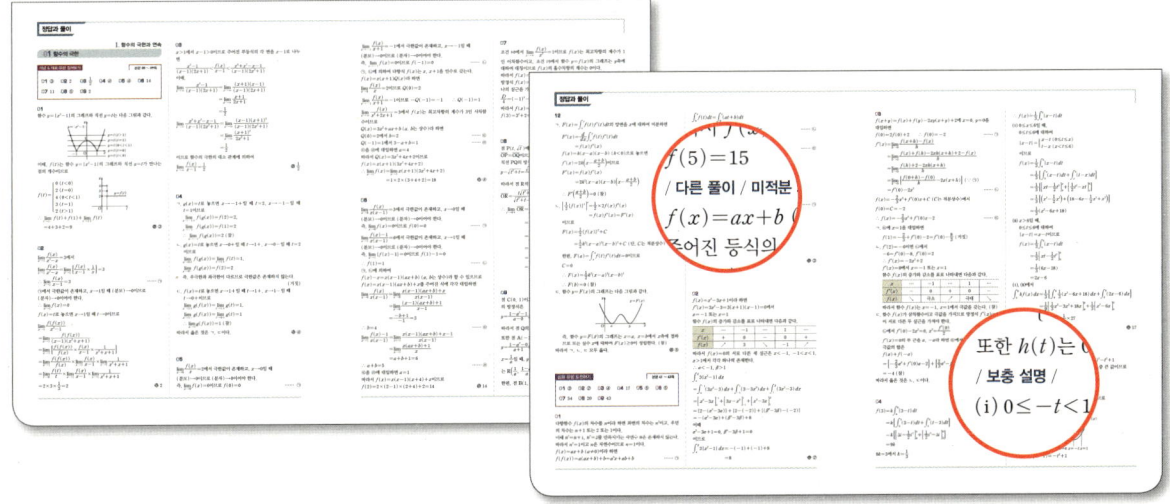

Contents

I

함수의 극한과 연속

01 함수의 극한

개념 & 대표 유형 짚어보기

1 / 함수의 극한

(1) 함수의 극한

함수 $f(x)$에서 x의 값이 a와 다른 값을 가지면서 a에 한없이 가까워질 때, $f(x)$의 값이 일정한 값 L에 한없이 가까워지면 함수 $f(x)$는 L에 수렴한다고 한다.

이때, L을 $f(x)$의 $x=a$에서의 극한 또는 극한값이라 한다.

$$\lim_{x \to a} f(x) = L \text{ 또는 } x \to a \text{일 때 } f(x) \to L$$

(2) 우극한과 좌극한

$$\lim_{x \to a} f(x) = L \iff \lim_{x \to a+} f(x) = \lim_{x \to a-} f(x) = L$$

2 / 함수의 극한의 성질

(1) 함수의 극한에 대한 성질

$\lim\limits_{x \to a} f(x) = \alpha$, $\lim\limits_{x \to a} g(x) = \beta$ (α, β는 실수)일 때

① $\lim\limits_{x \to a} \{f(x) \pm g(x)\} = \lim\limits_{x \to a} f(x) \pm \lim\limits_{x \to a} g(x) = \alpha \pm \beta$

(복부호동순)

② $\lim\limits_{x \to a} cf(x) = c \lim\limits_{x \to a} f(x) = c\alpha$ (단, c는 상수)

③ $\lim\limits_{x \to a} f(x)g(x) = \lim\limits_{x \to a} f(x) \times \lim\limits_{x \to a} g(x) = \alpha\beta$

④ $\lim\limits_{x \to a} \dfrac{f(x)}{g(x)} = \dfrac{\lim\limits_{x \to a} f(x)}{\lim\limits_{x \to a} g(x)} = \dfrac{\alpha}{\beta}$ (단, $\beta \neq 0$)

(2) 함수의 극한의 대소 관계

$\lim\limits_{x \to a} f(x) = \alpha$, $\lim\limits_{x \to a} g(x) = \beta$ (α, β는 실수)일 때,

a에 가까운 모든 실수 x에 대하여

① $f(x) \leq g(x)$이면 $\lim\limits_{x \to a} f(x) \leq \lim\limits_{x \to a} g(x)$, 즉 $\alpha \leq \beta$

② $f(x) \leq h(x) \leq g(x)$이고 $\alpha = \beta$이면 $\lim\limits_{x \to a} h(x) = \alpha$

3 / 함수의 극한값의 계산

(1) $\dfrac{0}{0}$ 꼴 : 분수식 ➡ 분자, 분모를 각각 인수분해한다.

무리식 ➡ 근호 ($\sqrt{}$)가 들어 있는 쪽을 유리화한다.

(2) $\dfrac{\infty}{\infty}$ 꼴 : 분모의 최고차항으로 분자, 분모를 각각 나눈다.

| 개념 Plus |

• 미정계수의 결정

두 다항함수 $f(x)$, $g(x)$에 대하여

① $\lim\limits_{x \to a} \dfrac{f(x)}{g(x)} = \alpha$ (α는 실수)일 때, $\lim\limits_{x \to a} g(x) = 0$이면 $\lim\limits_{x \to a} f(x) = 0$이다.

② $\lim\limits_{x \to a} \dfrac{f(x)}{g(x)} = \alpha$ ($\alpha \neq 0$인 실수)일 때, $\lim\limits_{x \to a} f(x) = 0$이면 $\lim\limits_{x \to a} g(x) = 0$이다.

③ $\lim\limits_{x \to \infty} \dfrac{f(x)}{g(x)} = \alpha$ ($\alpha \neq 0$인 실수)이면 $f(x)$와 $g(x)$의 차수는 같고, 극한값 α는 $f(x)$와 $g(x)$의 최고차항의 계수의 비이다.

01 함수의 극한값

실수 t에 대하여 직선 $y=t$가 함수 $y=|x^2-1|$의 그래프와 만나는 점의 개수를 $f(t)$라 할 때, $\lim\limits_{t \to 1-} f(t) + f(1) + \lim\limits_{t \to 1+} f(t)$의 값은?

① 5 　　　　② 7 　　　　③ 9

④ 11 　　　　⑤ 13

02 함수의 극한값

실수 전체의 집합에서 정의된 함수 $f(x)$에 대하여

$$\lim_{x \to 0} \frac{f(x)}{x} = 2, \quad \lim_{x \to 1} \frac{f(x)}{x^2 - x} = 3$$

일 때, $\lim\limits_{x \to 1} \dfrac{f(f(x))}{x^3 - 1}$의 값을 구하시오.

03 함수의 극한의 대소 관계

$x > 1$인 모든 실수 x에 대하여 함수 $f(x)$가 부등식

$$\frac{x^2 - 1}{2x + 1} < f(x) < \frac{x^3 + x^2 - x - 1}{2x^2 + 1}$$

을 만족시킬 때, $\lim\limits_{x \to \infty} \dfrac{f(x)}{x - 1}$의 값을 구하시오.

04 합성함수의 극한

두 함수 $y=f(x)$, $y=g(x)$의 그래프가 각각 다음 그림과 같을 때, 옳은 것만을 〈보기〉에서 있는 대로 고른 것은?

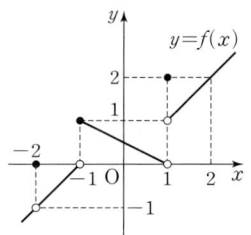 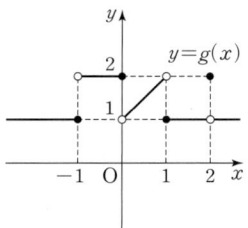

| 보기 |

ㄱ. $\lim\limits_{x \to -1} f(g(x))=2$

ㄴ. $\lim\limits_{x \to 0} f(g(x))=1$

ㄷ. $\lim\limits_{x \to 1} g(f(x))=1$

① ㄱ   ② ㄴ   ③ ㄱ, ㄴ
④ ㄱ, ㄷ   ⑤ ㄱ, ㄴ, ㄷ

05 다항함수의 결정

다항함수 $f(x)$가

$$\lim\limits_{x \to 0} \frac{f(x)}{x}=2,$$

$$\lim\limits_{x \to -1} \frac{f(x)}{x+1}=-1,$$

$$\lim\limits_{x \to \infty} \frac{f(x)}{x^4+2x+1}=3$$

을 만족시킬 때, $\lim\limits_{x \to 1} f(x)$의 값은?

① 12   ② 14   ③ 16
④ 18   ⑤ 20

06 다항함수의 결정

삼차함수 $f(x)$에 대하여

$$\lim\limits_{x \to 0} \frac{f(x)}{x(x-1)}=3, \quad \lim\limits_{x \to 1} \frac{f(x)-1}{x(x-1)}=6$$

이 성립할 때, $f(2)$의 값을 구하시오.

07 다항함수의 결정

다항함수 $f(x)$가 다음 조건을 만족시킨다.

> (가) 모든 실수 x에 대하여 $f(x)=f(-x)$이다.
>
> (나) $\lim\limits_{x \to \infty} \dfrac{f(x)}{x^2}=1$

방정식 $f(x)=2x+1$이 단 하나의 실근을 가질 때, $f(3)$의 값을 구하시오.

08 함수의 극한의 활용

다음 그림과 같이 곡선 $y=\sqrt{x}$ 위에 점 $P(t, \sqrt{t})$가 있다. $\overline{OP}=\overline{OQ}$인 y축 위의 양의 방향의 점 Q에 대하여 직선 PQ가 x축과 만나는 점을 R라 할 때, $\lim\limits_{t \to 0+} \overline{OR}$의 값은?

(단, O는 원점이다.)

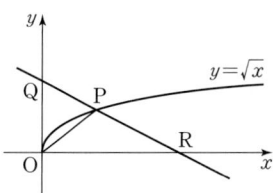

① $\dfrac{1}{2}$ ② $\dfrac{\sqrt{2}}{2}$ ③ 1
④ $\sqrt{2}$ ⑤ 2

09 함수의 극한의 활용

다음 그림과 같이 곡선 $y=1-x^2$과 x축과의 두 교점을 각각 A, B라 하고, y축과의 교점을 C라 하자. 곡선의 제1사분면 위의 점 $P(a, 1-a^2)$에 대하여 직선 CP와 x축과의 교점을 Q, 점 Q를 지나고 x축에 수직인 직선과 직선 AP와의 교점을 R라 할 때, $\lim\limits_{a \to 1-} \dfrac{\overline{QR}}{\overline{BQ}}$의 값을 구하시오.

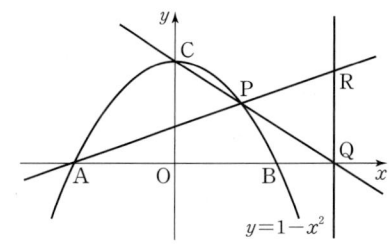

심화 유형 도전하기

• 정답률 17%

01
[5분]

다음 그림과 같이 원 $x^2+y^2=2$와 직선 $y=x+2$는 점 A에서 접한다. 직선 $y=x+2$ 위의 점 $P(t, t+2)(t<-1)$에 대하여 점 A에서 직선 OP에 내린 수선의 발을 H라 하자. 삼각형 AHP의 넓이를 $S(t)$라 할 때, $\lim\limits_{t\to -1-}\dfrac{S(t)}{(t+1)^3}$의 값은? (단, O는 원점이다.)

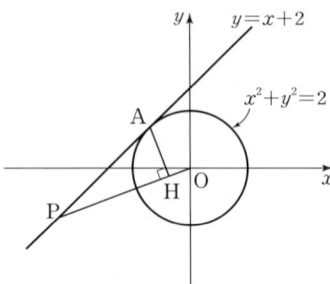

① -2 ② -1 ③ 1 ④ 2 ⑤ 3

• 정답률 13%

02
[7분]

최고차항의 계수가 1인 두 삼차함수 $f(x)$, $g(x)$가 다음 조건을 만족시킨다.

> (가) $\lim\limits_{x\to\infty}\dfrac{f(x)-g(x)}{x^2}=4$
>
> (나) $\lim\limits_{x\to n}\dfrac{f(x)}{g(x)}=(n-1)(n-2)$ $(n=1, 2, 3)$

$g(1)=0$일 때, $(f\circ g)(2)$의 값은?

① 1 ② 2 ③ 3 ④ 4 ⑤ 5

• 정답률 12%

03
[8분]

삼차함수 $f(x)$가
$$\lim_{x\to\infty}\frac{f(x)-(x-1)(x^2-1)}{f(x)+(x-1)(x^2-1)}=\frac{1}{3},\ \lim_{x\to 1}\frac{f(x)-(x-1)(x^2-1)}{f(x)+(x-1)(x^2-1)}=\frac{1}{5}$$
을 만족시킨다. $f(3)$의 값을 구하시오.

04

양의 실수 a에 대하여 함수 $f(x)$가

$$f(x) = \frac{a}{2}\{(x-a) + |x-a|\} + \frac{1}{a}\{(x-a) - |x-a|\}$$

이고, 함수 $g(a)$가

$$g(a) = \lim_{h \to 0+} \frac{f(a+h) - f(a-h)}{h} + \lim_{h \to 0-} \frac{f(a+h) - f(a-h)}{h}$$

일 때, $g(a)$의 최솟값은?

① $\sqrt{2}$　　　② $2\sqrt{2}$　　　③ $3\sqrt{2}$　　　④ $4\sqrt{2}$　　　⑤ $5\sqrt{2}$

05

$x > 0$에서 정의된 함수

$$f(x) = \begin{cases} -(x+1)(x-3) & (0 < x \le 3) \\ x-3 & (x > 3) \end{cases}$$

과 양수 t에 대하여 $t\{f(x) - 4\} = x\{f(t) - 4\}$를 만족시키는 양수 x의 개수를 $g(t)$라 하자. $\lim\limits_{t \to a+} g(t) \ne \lim\limits_{t \to a-} g(t)$를 만족시키는 모든 양수 a의 값의 합은?

① $\dfrac{20}{3}$　　　② 7　　　③ $\dfrac{22}{3}$　　　④ $\dfrac{23}{3}$　　　⑤ 8

06

0이 아닌 세 다항식 $f(x)$, $g(x)$, $h(x)$가 $\{f(x)\}^2 - \{g(x)\}^2 = \{h(x)\}^2$을 만족시킨다. $h(x) = 2x^2 - 6x + 4$, $\lim\limits_{x \to \infty} \dfrac{f(x)}{h(x)} = \dfrac{5}{4}$일 때, $f(4)g(4)$의 값을 구하시오.

(단, 실수 k에 대하여 $f(x) \ne kg(x)$이고, $g(4)$는 양의 정수이다.)

02 함수의 연속

개념 & 대표 유형 짚어보기

1 / 함수의 연속

(1) 구간

두 실수 a, b $(a<b)$에 대하여 다음 실수의 집합을 구간이라
하고, 이것을 각각 기호로

① $\{x|a<x<b\}$ ➡ (a, b) ② $\{x|a\leq x\leq b\}$ ➡ $[a, b]$

③ $\{x|a<x\leq b\}$ ➡ $(a, b]$ ④ $\{x|a\leq x<b\}$ ➡ $[a, b)$

와 같이 나타낸다. 이때, (a, b)를 열린구간, $[a, b]$를 닫힌구
간, $(a, b]$, $[a, b)$를 반열린 구간 또는 반닫힌 구간이라 한다.

(2) 함수의 연속성

함수 $f(x)$가 실수 a에 대하여 다음 세 조건을 만족시키면 함수
$f(x)$는 $x=a$에서 연속이라 한다.

(i) $x=a$에서 정의되어 있다. 즉, $f(a)$의 값이 존재한다.

(ii) $\lim_{x \to a} f(x)$의 값이 존재한다. 즉, $\lim_{x \to a+} f(x) = \lim_{x \to a-} f(x)$

(iii) $\lim_{x \to a} f(x) = f(a)$

(i)~(iii) 중에서 어느 하나라도 만족시키지 않으면 함수 $f(x)$는
$x=a$에서 불연속이다.

(3) 구간에서의 연속

함수 $f(x)$가 어떤 구간의 모든 점에서 연속일 때, $f(x)$는 그
구간에서 연속 또는 연속함수라 한다.

2 / 연속함수의 성질

(1) 연속함수의 성질

두 함수 $f(x)$, $g(x)$가 $x=a$에서 연속이면 다음 함수도 $x=a$
에서 연속이다.

① $f(x) \pm g(x)$ ② $cf(x)$ (단, c는 상수)

③ $f(x)g(x)$ ④ $\dfrac{f(x)}{g(x)}$ (단, $g(a) \neq 0$)

(2) 최대·최소 정리

함수 $f(x)$가 닫힌구간 $[a, b]$에서 연속이면 $f(x)$는 이 구간에
서 반드시 최댓값과 최솟값을 갖는다.

(3) 사잇값의 정리

함수 $f(x)$가 닫힌구간 $[a, b]$에서 연속이고 $f(a) \neq f(b)$일 때,
$f(a)$와 $f(b)$ 사이의 임의의 값 k에 대하여

$f(c)=k$

인 c가 열린구간 (a, b)에 적어도 하나 존재한다.

| 개념 Plus |

• 사잇값의 정리의 활용
함수 $f(x)$가 닫힌구간 $[a, b]$에서 연속이고 $f(a)f(b)<0$이면 방정식 $f(x)=0$의
실근이 열린구간 (a, b)에 적어도 하나 존재한다.

---

01 함수의 연속

다음 함수 중 $x=0$에서 연속인 것은?

(단, $[x]$는 x보다 크지 않은 최대의 정수이다.)

① $f(x)=\dfrac{1}{x^2}$ ② $f(x)=[x]$ ③ $f(x)=\dfrac{[x+1]}{x+1}$

④ $f(x)=\dfrac{x+1}{[x]}$ ⑤ $f(x)=\dfrac{[x-1]}{[x]^2+1}$

02 함수의 연속

실수 전체의 집합에서 연속인 두 함수 $f(x)$, $g(x)$에 대하여

$$f(x)+g(x)=x^2+2x+3 \ (x>0),$$
$$f(x)-g(x)=-x^2-x-1 \ (x<0)$$

일 때, $f(0)g(0)$의 값은?

① -4 ② -2 ③ 0

④ 2 ⑤ 4

03 연속함수의 성질

두 함수 $f(x)$, $g(x)$에 대하여 옳은 것만을 〈보기〉에서 있는 대
로 고른 것은?

┤보기├

ㄱ. 함수 $f(x)$가 $x=0$에서 연속이면 $f(x-a)$는 $x=a$에서
연속이다.

ㄴ. 함수 $f(x)+g(x)$가 $x=0$에서 연속이면 $f(x)-g(x)$도
$x=0$에서 연속이다.

ㄷ. 두 함수 $f(x)$, $f(x)g(x)$가 $x=1$에서 연속이면 $g(x)$도
$x=1$에서 연속이다.

① ㄱ ② ㄴ ③ ㄱ, ㄷ

④ ㄴ, ㄷ ⑤ ㄱ, ㄴ, ㄷ

04 연속함수의 성질

두 함수 $y=f(x)$와 $y=g(x)$의 그래프가 각각 다음 그림과 같다.

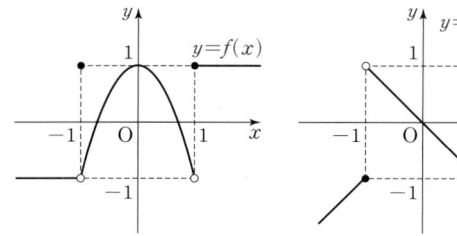

옳은 것만을 〈보기〉에서 있는 대로 고른 것은?

┌ 보기 ├
ㄱ. $\lim\limits_{x \to -1} f(x)g(x) = -1$

ㄴ. $\lim\limits_{x \to 1} f(x)g(x) = 1$

ㄷ. 함수 $y=f(x)g(x)$의 불연속점의 개수는 2이다.

① ㄱ   ② ㄴ   ③ ㄷ

④ ㄱ, ㄷ   ⑤ ㄴ, ㄷ

05 불연속점의 개수

함수 $f(x)=x-[x]$와 함수 $g_1(x)=x$, $g_2(x)=x^2$에 대하여 $-2<x<2$에서 정의된 합성함수
$$y=f(g_i(x)) \ (i=1, 2)$$
의 불연속점의 개수를 a_i라 할 때, a_1+a_2의 값은?

(단, $[x]$는 x보다 크지 않은 최대의 정수이다.)

① 8   ② 9   ③ 10

④ 11   ⑤ 12

06 함수가 연속일 조건

실수 전체의 집합에서 연속인 함수 $f(x)$가 다음 조건을 만족시킬 때, $f(13)$의 값을 구하시오. (단, a, b는 상수이다.)

(가) $f(x)=\begin{cases} ax+b & (0 \le x < 2) \\ x^2+x+1 & (2 \le x \le 4) \end{cases}$

(나) $f(x)=f(x+4)$

07 함수가 연속일 조건

실수 전체의 집합에서 연속인 함수 $f(x)$에 대하여 $(x^2-1)f(x)=x^4+ax+b$가 성립할 때, $f(-1)+f(1)$의 값은? (단, a, b는 상수이다.)

① 1   ② 2   ③ 3

④ 4   ⑤ 5

08 함수가 연속일 조건

두 함수
$$f(x)=\begin{cases} 6x-9 & (x \le a) \\ x^2 & (x > a) \end{cases}, \ g(x)=x+a+2$$
에 대하여 함수 $f(x)g(x)$가 실수 전체의 집합에서 연속이 되도록 하는 모든 실수 a의 값의 곱은?

① -3 ② -2 ③ -1

④ 0   ⑤ 1

09 사잇값의 정리

연속함수 $f(x)$에 대하여
$$f(-3)=-3, \ f(-2)=3, \ f(-1)=-1,$$
$$f(0)=-4, \ f(1)=-1, \ f(2)=2, \ f(3)=3$$
일 때, 닫힌구간 $[-1, 5]$에서 방정식 $f(x-2)+2=0$의 실근의 개수의 최솟값은?

① 1   ② 2   ③ 3

④ 4   ⑤ 5

심화 유형 도전하기

· 정답률 13%

01
5분

함수 $f(x)$가

$$f(x) = \begin{cases} \dfrac{|x-a|-b}{x} & (x \neq 0) \\ c & (x=0) \end{cases}$$

일 때, 모든 실수 x에서 연속이 되도록 세 상수 a, b, c를 정하려고 한다. 옳은 것만을 〈보기〉에서 있는 대로 고른 것은?

┤보기├
ㄱ. $a=0$이면 $c=0$이다.
ㄴ. $a>0$이면 $c=-1$이다.
ㄷ. $a<0$이면 $c=1$이다.

① ㄱ   ② ㄴ   ③ ㄱ, ㄷ   ④ ㄴ, ㄷ   ⑤ ㄱ, ㄴ, ㄷ

· 정답률 17%

02
5분

두 함수

$$f(x) = \begin{cases} -x+2 & (x<0) \\ x-4 & (x \geq 0) \end{cases}, \quad g(x) = \begin{cases} -x+a-1 & (x<b) \\ x-a & (x \geq b) \end{cases}$$

에 대하여 함수 $f(x)g(x)$가 실수 전체의 집합에서 연속이다. 방정식 $f(x)g(x)=k$의 서로 다른 실근의 개수가 3 이상이 되도록 하는 모든 정수 k의 값의 합은?

(단, a, b는 상수이고, $b>1$이다.)

① 8   ② 9   ③ 10   ④ 11   ⑤ 12

· 정답률 5%

03
10분

최고차항의 계수가 1인 삼차함수 $f(x)$와 실수 전체의 집합에서 연속인 두 함수 $g(x)$,

$$h(x) = \begin{cases} (x^2+x+a)^2 & (x \geq 0) \\ (x^2-3x+2+a)^2 & (x<0) \end{cases}$$ 이 다음 조건을 만족시킨다.

(개) $x \geq 0$인 모든 실수 x에 대하여 $f(x)g(x)=x(x+4)$
(내) $x<0$인 모든 실수 x에 대하여 $g(x)=h(x)$

$(f \circ g)(0)$의 값이 10 이하의 정수일 때, $(g \circ g)(0)$의 최댓값과 최솟값의 합은?

(단, a는 상수이다.)

① 1   ② 2   ③ 3   ④ 4   ⑤ 5

· 정답률 10%

04

함수 $y=f(x)$의 그래프가 오른쪽 그림과 같다. 함수 $f(x)$에 대하여 구간 $[-1, 6]$에서 함수 $g(x)$를 다음과 같이 정의한다.

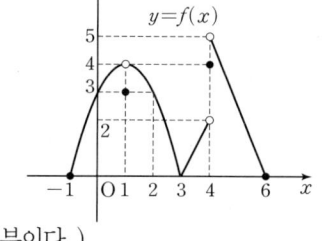

$$g(x)=\begin{cases} f(x) & (x\neq 1) \\ a & (x=1) \end{cases}$$

이때, 함수 $y=g(g(x))$가 $x=1$에서 연속이 되도록 하는 모든 실수 a의 값의 합은?
(단, $y=f(x)$의 그래프에서 곡선 부분은 이차함수의 그래프의 일부이다.)

① $\dfrac{18}{5}$　　② 4　　③ $\dfrac{26}{5}$　　④ $\dfrac{36}{5}$　　⑤ $\dfrac{38}{5}$

· 정답률 10%

05

닫힌구간 $[0, 2]$에 속하는 실수 $x_1, x_2, x_3, \cdots, x_n$에 대하여 함수 $f(x)$를

$$f(x)=\frac{1}{n}\sum_{i=1}^{n}|x-x_i|$$

와 같이 정의할 때, 옳은 것만을 〈보기〉에서 있는 대로 고른 것은?

┤보기├
ㄱ. $f(0)+f(2)=2$
ㄴ. $f(x)=1$을 만족시키는 x가 닫힌구간 $[0, 2]$에 존재한다.
ㄷ. $f(x)=\dfrac{4}{3}$를 만족시키는 x가 닫힌구간 $[0, 2]$에 존재한다.

① ㄱ　　② ㄱ, ㄴ　　③ ㄱ, ㄷ　　④ ㄴ, ㄷ　　⑤ ㄱ, ㄴ, ㄷ

· 정답률 12%

06

실수 전체의 집합에서 정의된 함수 $f(x)$가 열린구간 $(0, 4)$에서 연속이고 다음 조건을 만족시킨다.

(가) $f(x+4)=f(x)$　　(나) $f(1)f(2)<0, f(1)f(3)<0$　　(다) $|f(3)|<|f(2)|$

┤보기├
ㄱ. 방정식 $f(x)-x=0$은 열린구간 $(-1, 1)$에서 실근을 갖는다.
ㄴ. 방정식 $f(x-1)=f(x)$는 열린구간 $(2, 5)$에서 실근을 갖는다.
ㄷ. 방정식 $f(2x+1)+2f(x+1)=0$은 열린구간 $(0, 1)$에서 실근을 갖는다.

옳은 것만을 〈보기〉에서 있는 대로 고른 것은?

① ㄱ　　② ㄷ　　③ ㄱ, ㄴ　　④ ㄴ, ㄷ　　⑤ ㄱ, ㄴ, ㄷ

정답과 풀이 **13쪽**

● $0<x<4$에서 정의된 함수 $y=f(x)$의 그래프가 다음 그림과 같고, 상수 a에 대하여 함수 $|f(x)-a|$가
$x=k$에서 불연속이 되도록 하는 실수 k $(0<k<4)$의 개수가 1이다.

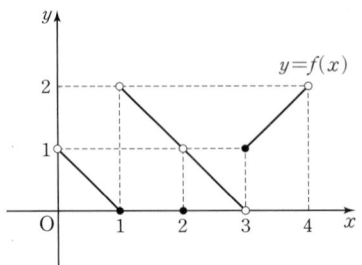

실수 t에 대하여 방정식
$$|f(x)-a|=t$$
의 서로 다른 실근의 개수를 $g(t)$라 할 때, 함수 $g(t)$의 불연속점의 개수를 구하시오.

II
미분

미분계수와 도함수

개념 & 대표 유형 짚어보기

1 / 미분계수

(1) 평균변화율과 미분계수

① 함수 $y=f(x)$에서 x의 값이 a에서 b까지 변할 때의 평균변화율은

$$\frac{\Delta y}{\Delta x}=\frac{f(b)-f(a)}{b-a}=\frac{f(a+\Delta x)-f(a)}{\Delta x}$$

② 함수 $y=f(x)$의 $x=a$에서의 미분계수 또는 순간변화율은

$$f'(a)=\lim_{\Delta x \to 0}\frac{\Delta y}{\Delta x}=\lim_{\Delta x \to 0}\frac{f(a+\Delta x)-f(a)}{\Delta x}$$
$$=\lim_{x \to a}\frac{f(x)-f(a)}{x-a}$$

(2) 미분계수의 기하적 의미

함수 $y=f(x)$의 $x=a$에서의 미분계수 $f'(a)$는 곡선 $y=f(x)$ 위의 점 $(a, f(a))$에서의 접선의 기울기와 같다.

(3) 미분가능성과 연속성

함수 $y=f(x)$가 $x=a$에서 미분가능하면 $y=f(x)$는 $x=a$에서 연속이다. 그러나 일반적으로 그 역은 성립하지 않는다.

2 / 도함수

(1) 도함수의 정의

미분가능한 함수 $f(x)$의 도함수는

$$f'(x)=\lim_{h \to 0}\frac{f(x+h)-f(x)}{h}$$

(2) 함수 $y=x^n$ (n은 자연수)와 상수함수의 도함수

① $y=x^n$ (n은 자연수)이면 $y'=nx^{n-1}$

② $y=c$ (c는 상수)이면 $y'=0$

(3) 함수의 실수배, 합, 차, 곱의 미분법

세 함수 $f(x)$, $g(x)$, $h(x)$가 미분가능할 때

① $y=cf(x)$ (c는 상수)이면 $y'=cf'(x)$

② $y=f(x)\pm g(x)$이면 $y'=f'(x)\pm g'(x)$ (복부호동순)

③ $y=f(x)g(x)$이면 $y'=f'(x)g(x)+f(x)g'(x)$

④ $y=f(x)g(x)h(x)$이면
$$y'=f'(x)g(x)h(x)+f(x)g'(x)h(x)$$
$$+f(x)g(x)h'(x)$$

⑤ $y=\{f(x)\}^n$ (n은 자연수)이면 $y'=n\{f(x)\}^{n-1}\times f'(x)$

| 개념 Plus |

- **평균변화율의 기하적 의미**
  함수 $y=f(x)$에서 x의 값이 a에서 b까지 변할 때의 평균변화율은 그래프 위의 두 점 $(a, f(a))$, $(b, f(b))$를 지나는 직선의 기울기와 같다.
- (미분계수)=(순간변화율)=(접선의 기울기)
- 함수 $f(x)$가 $x=a$에서 미분가능하지 않은 경우는 $x=a$에서 불연속이거나 $x=a$에서 그래프가 뾰족한 경우이다.

01 평균변화율

함수 $f(x)$의 역함수가 $g(x)$이고, $a<b$인 두 실수 a, b에 대하여 $f(a)=2$, $f(b)=6$이다. x의 값이 a에서 b까지 변할 때의 함수 $f(x)$의 평균변화율이 2일 때, x의 값이 2에서 6까지 변할 때의 함수 $g(x)$의 평균변화율을 구하시오.

02 미분계수

다항함수 $f(x)$가 다음 조건을 만족시킨다.

> (가) $f(-x)=-f(x)$
>
> (나) $\displaystyle\lim_{h \to 0}\frac{f(-1+h)+f(1)}{3h}=4$

$\displaystyle\lim_{x \to -1}\frac{f(x)+f(1)}{x^2-1}$의 값은?

① -6 ② -5 ③ -4

④ -3 ⑤ -2

03 미분계수와 도함수

미분가능한 함수 $f(x)$가 다음 조건을 만족시킨다.

> (가) 모든 실수 x, y에 대하여
> $$f(x+y)=f(x)+f(y)+4xy$$
> (나) $f'(1)=7$

$\displaystyle\lim_{x \to 1}\frac{f(x+1)-f(2)}{x^2-1}$의 값은?

① 5 ② $\dfrac{11}{2}$ ③ 6

④ $\dfrac{13}{2}$ ⑤ 7

04 미분가능성과 연속성

함수 $f(x)=x^3-2x^2+2$에 대하여 함수 $g(x)$를

$$g(x)=\begin{cases} f(x) & (x\le a) \\ b-f(x) & (x>a) \end{cases}$$

라 하자. $g(x)$가 실수 전체의 집합에서 미분가능하도록 하는 상수 a, b에 대하여 $a+b$의 값은? (단, a는 정수이다.)

① 4   ② 5   ③ 6

④ 7   ⑤ 8

05 미분가능성과 연속성

$f(1)=0$이고 최고차항의 계수가 1인 이차함수 $f(x)$에 대하여 함수 $g(x)$를 $g(x)=|x+1|f(x)$라 하자. $g(x)$가 $x=-1$에서 미분가능할 때, $g(2)$의 값은?

① 5   ② 6   ③ 7

④ 8   ⑤ 9

06 곱의 미분법

두 다항함수 $f(x)$, $g(x)$가 다음 조건을 만족시킬 때, $g'(2)$의 값을 구하시오.

> (가) $\displaystyle\lim_{x\to 2}\dfrac{xf(x)-x^3}{x-2}=2$ (나) $g(x)=\{f(x)\}^2$

07 곱의 미분법

두 다항함수 $f(x)$, $g(x)$가 모든 실수 x에 대하여 다음 조건을 만족시킨다.

> (가) $g(x)=2x^2 f(x)$
> (나) $f'(x)g(x)-f(x)g'(x)=-64x^3$
> (다) $f(1)>0$

$f(2)+g(2)$의 값을 구하시오.

08 미분법의 활용

다항함수 $f(x)$가 모든 실수 x에 대하여 등식

$$xf(x)+(x^2+2)f'(x)=3x^3-4x^2+7x-4$$

를 만족시킬 때, $f(3)$의 값은?

① 5   ② 6   ③ 7

④ 8   ⑤ 9

09 미분법의 활용

삼차함수 $f(x)$와 도함수 $f'(x)$가 다음 조건을 만족시킨다.

> (가) $f(1+x)=-f(1-x)$
> (나) $\displaystyle\lim_{x\to 0}\dfrac{f(x)}{x}=6$
> (다) $f(x)$를 $f'(x)$로 나누었을 때의 몫은 $\dfrac{x-1}{3}$이다.

$f(x)$를 $f'(x)$로 나누었을 때의 나머지를 $R(x)$라 할 때, $R(3)$의 값은?

① -4 ② -2 ③ 4

④ 8 ⑤ 10

심화 유형 도전하기

· 정답률 17%

01
4분

최고차항의 계수가 1이고 $f(2)=0$인 삼차함수 $f(x)$가 $\lim\limits_{x \to 1}\dfrac{f(x)}{(x-1)f'(x)}=a$를 만족시킬 때, 상수 a의 값은? (단, $a \neq 1$)

① $\dfrac{1}{2}$ 　　② $\dfrac{3}{2}$ 　　③ 2 　　④ $\dfrac{5}{2}$ 　　⑤ 3

· 정답률 13%

02
5분

최고차항의 계수가 1인 삼차함수 $f(x)$에 대하여 함수 $g(x)$를

$$g(x)=\begin{cases} \dfrac{f(x)}{x} & (x \neq 0) \\[2mm] \dfrac{1}{2} & (x=0) \end{cases}$$

이라 할 때, $g(x)$는 모든 실수 x에 대하여 연속이고 $g(0)=g(2)$이다. 닫힌구간 $[0, n]$에서 함수 $y=g(x)$의 평균변화율을 $h(n)$이라 할 때, $h(n) \leq 5$를 만족시키는 자연수 n의 개수는?

① 4 　　② 5 　　③ 6 　　④ 7 　　⑤ 8

· 정답률 19%

03
4분

자연수 n에 대하여 삼차함수 $f(x)=x^3-nx+2$가

$$\lim_{h \to 0}\frac{f(a+2h)-f(a-h)}{h}=-12$$

를 만족시키도록 하는 서로 다른 실수 a의 개수를 a_n이라 할 때, $\sum\limits_{n=1}^{10} a_n$의 값을 구하시오.

· 정답률 18%

04
[4분]

미분가능한 함수 $f(x)$가 임의의 실수 s, t에 대하여 다음 조건을 만족시킨다.

㈎ $f'(0)=1$
㈏ $f(s+t)+st=f(s)+f(t)+1$

옳은 것만을 〈보기〉에서 있는 대로 고른 것은?

┤ 보기 ├
ㄱ. $f(0)=-1$　　　ㄴ. $\lim\limits_{h \to 0}\dfrac{f(-h)+1}{h}=-1$　　　ㄷ. $f(1)<-1$

① ㄱ　　　　② ㄷ　　　　③ ㄱ, ㄴ　　　　④ ㄴ, ㄷ　　　　⑤ ㄱ, ㄴ, ㄷ

· 정답률 9%

05
[6분]

함수 $f(x)=\begin{cases} 2x & (x<1) \\ x^2-4x+5 & (1 \le x<4) \\ 5 & (x \ge 4) \end{cases}$ 이고, 임의의 양수 h에 대하여 $\dfrac{f(t+h)-f(t)}{h} \le k$를

만족시키는 실수 k의 최솟값을 $g(t)$라 하자. 함수 $g(t)$의 불연속점의 개수와 미분가능하지 않은 점의 개수의 합은?

① 1　　　　② 2　　　　③ 3　　　　④ 4　　　　⑤ 5

· 정답률 4%

06
[8분]

양수 x에 대하여 x보다 작은 자연수 중 소수의 개수를 $f(x)$라 하자. 삼차함수 $h(x)$에 대하여 함수 $g(x)=f(x)h(x)$가 다음 조건을 만족시킬 때, $g(4)$의 값을 구하시오.

㈎ $\lim\limits_{x \to 3-}\dfrac{g(x)}{x-3}=1$　　　　　　㈏ $g(x)$는 $x=2$에서 미분가능하다.

02 도함수의 활용 (1)

개념 & 대표 유형 짚어보기

1 / 접선의 방정식

(1) 곡선 $y=f(x)$ 위의 점 $P(a, f(a))$에서의 접선의 기울기는 $x=a$에서의 미분계수 $f'(a)$와 같다.

(2) 곡선 $y=f(x)$ 위의 점 $P(a, f(a))$가 주어졌을 때
  ❶ 접선의 기울기 $f'(a)$를 구한다.
  ❷ $y-f(a)=f'(a)(x-a)$를 이용하여 접선의 방정식을 구한다.

(3) 곡선 $y=f(x)$의 접선의 기울기 m이 주어졌을 때
  ❶ 접점의 좌표를 $(t, f(t))$로 놓는다.
  ❷ $f'(t)=m$임을 이용하여 접점의 좌표를 구한다.
  ❸ $y-f(t)=m(x-t)$를 이용하여 접선의 방정식을 구한다.

(4) 곡선 $y=f(x)$ 밖의 한 점 (x_1, y_1)이 주어졌을 때
  ❶ 접점의 좌표를 $(t, f(t))$로 놓는다.
  ❷ $y-f(t)=f'(t)(x-t)$에 $x=x_1$, $y=y_1$을 대입하여 t의 값을 구한다.
  ❸ $y-f(t)=f'(t)(x-t)$에 t의 값을 대입하여 접선의 방정식을 구한다.

2 / 공통인 접선

두 곡선 $y=f(x)$, $y=g(x)$가 점 (a, b)에서 공통인 접선을 가지면
$$f(a)=g(a)=b$$
$$f'(a)=g'(a)$$

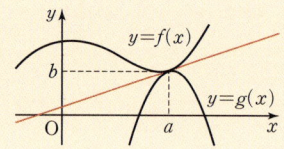

3 / 롤의 정리

함수 $f(x)$가 닫힌구간 $[a, b]$에서 연속이고 열린구간 (a, b)에서 미분가능할 때, $f(a)=f(b)$이면 $f'(c)=0$인 c가 열린구간 (a, b)에 적어도 하나 존재한다.

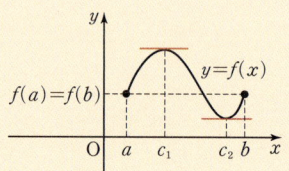

4 / 평균값 정리

함수 $f(x)$가 닫힌구간 $[a, b]$에서 연속이고 열린구간 (a, b)에서 미분가능하면
$$\frac{f(b)-f(a)}{b-a}=f'(c)$$
인 c가 열린구간 (a, b)에 적어도 하나 존재한다.

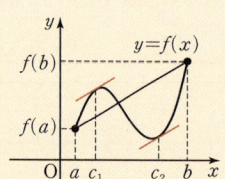

| 개념 Plus |

- 롤의 정리는 곡선 $y=f(x)$에서 $f(a)=f(b)$이면 열린구간 (a, b)에서 x축과 평행한 접선을 갖도록 하는 x의 값이 적어도 하나 존재함을 의미한다.
- 평균값 정리는 곡선 $y=f(x)$ 위의 두 점 $(a, f(a))$, $(b, f(b))$를 잇는 직선과 평행한 접선을 갖도록 하는 x의 값이 열린구간 (a, b)에 적어도 하나 존재함을 의미한다.

---

01 접선의 방정식

함수 $f(x)=x^3-x^2$에 대하여 곡선 $y=f(x)$ 위의 서로 다른 두 점 $A(a, f(a))$, $B(b, f(b))$에서의 접선이 서로 평행할 때, $f(a)+f(b)$의 값은?

① $-\dfrac{8}{27}$ ② $-\dfrac{4}{27}$ ③ 0

④ $\dfrac{4}{27}$ ⑤ $\dfrac{8}{27}$

02 접선의 방정식

곡선 $y=3x^2$ 위의 점 $A(1, 3)$에서의 접선에 수직이면서 점 A를 지나는 직선을 l, 점 $B(a, 3a^2)$에서의 접선에 수직이면서 점 B를 지나는 직선을 m이라 하자. 두 직선 l, m의 교점의 x좌표를 $f(a)$라 할 때, $\lim\limits_{a \to 1} f(a)$의 값은?

(단, $a \neq 0$이고, 점 A와 점 B는 서로 다른 점이다.)

① -36 ② -34 ③ -32

④ -30 ⑤ -28

03 접선의 방정식

곡선 $y=x^3+2x$에 직선 $y=mx+2$가 접할 때, 상수 m의 값은?

① 1 ② 2 ③ 3

④ 4 ⑤ 5

04 접선의 방정식

점 $P\left(0, \dfrac{3}{2}\right)$에서 곡선 $y=x^3-3x^2+1$에 그은 세 개의 접선에 대하여 접선의 기울기의 최댓값은?

① $\dfrac{\sqrt{3}}{3}$ ② $\dfrac{\sqrt{3}}{2}$ ③ $\sqrt{3}$

④ $\dfrac{3\sqrt{3}}{2}$ ⑤ $2\sqrt{3}$

05 접선의 방정식

점 $P(2, -1)$에서 곡선 $y=\dfrac{2}{27}x^3-x+1$에 그은 두 접선의 접점을 각각 A, B라 하자. 삼각형 PAB의 외접원의 넓이는?

① π ② $\dfrac{3}{2}\pi$ ③ 2π

④ $\dfrac{5}{2}\pi$ ⑤ 3π

06 접선의 방정식

함수 $f(x)=x^3-3x^2+3x+1$의 그래프 위의 점 $P(0, 1)$에서의 접선을 l_1, 점 P를 지나고 점 P가 아닌 점에서 곡선 $y=f(x)$에 접하는 직선을 l_2라 하자. 두 직선 l_1, l_2가 곡선 $y=f(x)$와 만나는 점 중 점 P가 아닌 점들의 x좌표의 합은?

① 3 ② $\dfrac{7}{2}$ ③ 4

④ $\dfrac{9}{2}$ ⑤ 5

07 공통인 접선

두 곡선 $y=x^3+ax+4$, $y=-x^2+bx+c$가 점 $(2, 0)$에서 공통인 접선을 가질 때, 상수 a, b, c에 대하여 $a+b+c$의 값은?

① -14 ② -12 ③ -10

④ -8 ⑤ -6

08 공통인 접선

두 곡선 $y=-x^2-4x$, $y=x^2-6x+5$에 모두 접하는 두 직선 중 기울기가 큰 직선의 y절편은?

① -1 ② 0 ③ 1

④ 2 ⑤ 3

09 평균값 정리

미분가능한 함수 $f(x)$에 대하여 $\lim\limits_{x \to \infty} f'(x)=3$일 때,

$\lim\limits_{x \to 0+}\left\{f\left(\dfrac{3+2x}{x}\right)-f\left(\dfrac{3-2x}{x}\right)\right\}$의 값은?

① 3 ② 6 ③ 9

④ 12 ⑤ 15

심화 유형 도전하기

01

실수 전체의 집합에서 미분가능한 함수

$$f(x)=\begin{cases} 0 & (x \le a) \\ x^3+3x^2 & (x > a) \end{cases}$$

에 대하여 점 $(b, f(b))$에서의 접선의 방정식이 $y=24(x-c)$일 때, $a+b+c$의 값은?

(단, $a < b$이고 c는 상수이다.)

① $\dfrac{13}{6}$ ② $\dfrac{5}{2}$ ③ $\dfrac{17}{6}$ ④ $\dfrac{19}{6}$ ⑤ $\dfrac{7}{2}$

02

삼차함수 $f(x)=x^3+2ax^2+3x$와 실수 t에 대하여 곡선 $y=f(x)$ 위의 점 $(t, f(t))$에서의 접선이 y축과 만나는 점을 P라 할 때, 원점에서 점 P까지의 거리를 $g(t)$라 하자. 함수 $g(t)$가 실수 전체의 집합에서 미분가능할 때, $f(2)+g(2)$의 값을 구하시오. (단, a는 상수이다.)

03

곡선 $y=x^2$ 위의 점 $A(a, a^2)$ $\left(a > \dfrac{1}{2}\right)$에서의 접선 l과 x축이 만나는 점을 B라 하고, 점 A를 지나고 접선 l과 수직인 직선 m이 x축과 만나는 점을 C라 하자. 점 B를 지나고 삼각형 ABC의 넓이를 이등분하는 직선의 기울기가 $\dfrac{1}{3}$일 때, a의 값은?

① $\dfrac{2}{3}$ ② 1 ③ $\dfrac{3}{2}$ ④ 2 ⑤ $\dfrac{5}{2}$

· 정답률 17%
04

5분

곡선 $y=\dfrac{1}{2}x^4-x^2+3$ 위의 점 A와 직선 $y=12x-24$ 위의 서로 다른 두 점 B, C에 대하여 삼각형 ABC가 정삼각형일 때, 삼각형 ABC의 넓이의 최솟값은 $\dfrac{q}{p}\sqrt{3}$이다. $p+q$의 값을 구하시오. (단, p와 q는 서로소인 자연수이다.)

· 정답률 13%
05

7분

좌표평면에서 만나지 않는 두 곡선
$$C_1 : y=2x^2,\ C_2 : y=-x^2+2x-a$$
에 대하여 옳은 것만을 〈보기〉에서 있는 대로 고른 것은?

┌ 보기 ├─

ㄱ. $a>\dfrac{1}{3}$이다.

ㄴ. 곡선 C_1 위의 점 $(t,\ 2t^2)$에서의 접선이 곡선 C_2에 접할 때, $a=6t^2-4t+1$이다.

ㄷ. 두 곡선 C_1, C_2에 모두 접하는 두 직선이 서로 수직일 때, $a=\dfrac{9}{8}$이다.

① ㄱ   ② ㄷ   ③ ㄱ, ㄴ   ④ ㄴ, ㄷ   ⑤ ㄱ, ㄴ, ㄷ

· 정답률 9%
06

8분

곡선 $y=x^3-ax^2$에 기울기가 m인 접선을 두 개 그었을 때, 두 접점을 P, Q라 하자. 두 접선 사이의 거리와 선분 PQ의 길이가 같아지도록 하는 실수 m의 값이 오직 하나일 때, a^2+m^2의 값은? (단, a는 상수이고, 두 점 P, Q는 서로 다른 점이다.)

① $1+2\sqrt{3}$ ② $3+3\sqrt{3}$ ③ $5+5\sqrt{3}$ ④ $6+8\sqrt{3}$ ⑤ $8+9\sqrt{3}$

• 정답률 10%

07

자연수 n에 대하여 점 $(n, 0)$에서 곡선 $y=x^3-3x^2$에 그은 서로 다른 접선의 개수를 a_n이라 할 때, $\sum\limits_{n=1}^{10} a_n$의 값은?

① 21   ② 23   ③ 25   ④ 27   ⑤ 29

• 정답률 8%

08

곡선 $y=x^2-2x$와 직선 $y=mx$ $(m\neq-2)$의 두 교점 O, P에서 곡선 $y=x^2-2x$에 각각 그은 두 접선의 교점의 x좌표는 3이고, 곡선 $y=x^2-2x$ 위의 점 Q에서의 접선의 기울기와 직선 OP의 기울기는 같다. 옳은 것만을 〈보기〉에서 있는 대로 고른 것은?

(단, O는 원점이고, 세 점 O, P, Q는 서로 다른 점이다.)

┤ 보기 ├
ㄱ. 상수 m의 값은 4이다.
ㄴ. 점 P의 좌표를 (a, b)라 할 때, $a+b=30$이다.
ㄷ. 삼각형 OPQ의 넓이는 27이다.

① ㄱ   ② ㄴ   ③ ㄱ, ㄷ   ④ ㄴ, ㄷ   ⑤ ㄱ, ㄴ, ㄷ

• 정답률 12%

09

실수 전체의 집합에서 미분가능한 함수 $f(x)$가 $f(0)=1$, $f(3)=2$, $f(4)=4$를 만족시킬 때, 옳은 것만을 〈보기〉에서 있는 대로 고른 것은?

┤ 보기 ├
ㄱ. $f(a)=a$인 a가 열린구간 $(0, 3)$에 존재한다.
ㄴ. $f'(b)=\dfrac{3}{4}$인 b가 열린구간 $(0, 4)$에 존재한다.
ㄷ. $g(x)=\{f(x)\}^2-x^2$일 때, $g'(c)=5$인 c가 열린구간 $(0, 4)$에 존재한다.

① ㄱ   ② ㄴ   ③ ㄱ, ㄴ   ④ ㄴ, ㄷ   ⑤ ㄱ, ㄴ, ㄷ

정답과 풀이 **24**쪽

개념 & 대표 유형 짚어보기

1 / 함수의 증가와 감소

(1) 함수 $f(x)$가 어떤 구간에 속하는 임의의 두 실수 x_1, x_2에 대하여

① $x_1 < x_2$일 때, $f(x_1) < f(x_2)$이면 함수 $f(x)$는 그 구간에서 증가한다고 한다.

② $x_1 < x_2$일 때, $f(x_1) > f(x_2)$이면 함수 $f(x)$는 그 구간에서 감소한다고 한다.

(2) 함수 $f(x)$가 어떤 열린구간에서 미분가능할 때, 그 구간의 모든 x에 대하여

① $f'(x) > 0$이면 $f(x)$는 그 구간에서 증가한다.

② $f'(x) < 0$이면 $f(x)$는 그 구간에서 감소한다.

2 / 함수의 극대와 극소

(1) 함수 $f(x)$가 $x=a$를 포함하는 어떤 열린구간에 속하는 모든 x에 대하여

① $f(x) \leq f(a)$일 때, 함수 $f(x)$는 $x=a$에서 극대라 하고, $f(a)$를 극댓값이라 한다.

② $f(x) \geq f(a)$일 때, 함수 $f(x)$는 $x=a$에서 극소라 하고, $f(a)$를 극솟값이라 한다.

이때, 극댓값과 극솟값을 통틀어 극값이라 한다.

(2) 함수 $f(x)$가 $x=a$에서 미분가능할 때, $x=a$에서 극값을 가지면 $f'(a)=0$이다. 일반적으로 그 역은 성립하지 않는다.

(3) 함수 $f(x)$가 미분가능할 때, $f'(a)=0$이고 $x=a$의 좌우에서

① $f'(x)$의 부호가 양($+$)에서 음($-$)으로 바뀌면 $f(x)$는 $x=a$에서 극대이고, 극댓값 $f(a)$를 가진다.

② $f'(x)$의 부호가 음($-$)에서 양($+$)으로 바뀌면 $f(x)$는 $x=a$에서 극소이고, 극솟값 $f(a)$를 가진다.

3 / 함수의 그래프

함수 $y=f(x)$의 그래프의 개형은 함수의 증가와 감소, 극대와 극소, 좌표축과의 교점 등을 이용하여 그린다.

| 개념 Plus |

• 함수 $f(x)$가 어떤 구간에서 미분가능하고, 그 구간의 모든 x에 대하여

① $f(x)$가 증가하면 $f'(x) \geq 0$ ② $f(x)$가 감소하면 $f'(x) \leq 0$

(단, $f'(x)=0$인 점의 좌우에서 ①은 $f'(x)>0$, ②는 $f'(x)<0$이다.)

• 삼차함수가 극값을 갖거나 갖지 않을 조건

① 삼차함수 $f(x)$가 극댓값, 극솟값을 모두 갖는 경우

➡ 이차방정식 $f'(x)=0$이 서로 다른 두 실근을 갖는다.

② 삼차함수 $f(x)$가 극값을 갖지 않는 경우

➡ 이차방정식 $f'(x)=0$이 중근 또는 허근을 갖는다.

01 함수의 증가와 감소

함수 $f(x)=x^3+ax^2+(a-1)x$에 대하여 곡선 $y=f(x)$ 위의 점 $(t, f(t))$에서의 접선의 y절편을 $g(t)$라 하자. 함수 $g(t)$가 닫힌구간 $[1, 2]$에서 감소하도록 하는 실수 a의 값의 범위는?

① $-7 < a \leq 2$ ② $-6 < a \leq 3$

③ $-5 < a \leq 4$ ④ $a \geq -6$

⑤ $a \geq -3$

02 함수의 증가와 감소

삼차함수 $f(x)=-\dfrac{1}{3}x^3+a^2x^2+ax+2$와 함수 $g(x)$가 다음 조건을 만족시킨다.

> ㈎ 두 함수 $y=f(x)$, $y=g(x)$의 그래프는 직선 $y=x$에 대하여 대칭이다.
>
> ㈏ $g(-1)=3$

$f(1)$의 값은? (단, a는 상수이다.)

① $\dfrac{5}{3}$ ② $\dfrac{7}{3}$ ③ 3

④ $\dfrac{11}{3}$ ⑤ $\dfrac{13}{3}$

03 함수의 극대와 극소

삼차함수 $f(x)$가 다음 조건을 만족시킨다.

> (가) $x=1$에서 극댓값 $\dfrac{7}{2}$을 갖는다.
>
> (나) 곡선 $y=f(x)$ 위의 점 $(0, 1)$에서의 접선의 방정식은 $y=6x+1$이다.

함수 $f(x)$의 극솟값을 구하시오.

04 함수의 극대와 극소

다항함수 $f(x)$가 다음 조건을 만족시킨다.

> (가) $\displaystyle\lim_{x \to \infty} \dfrac{f(x)}{x^3}=2$
>
> (나) $f(x)$는 $x=1$, $x=3$에서 극값을 갖는다.

$\displaystyle\lim_{h \to 0} \dfrac{f(2+h)-f(2-2h)}{h}$의 값은?

① -20 ② -18 ③ -16
④ -14 ⑤ -12

05 함수의 극대와 극소

함수 $f(x)=-x^3+6x^2+ax$가 열린구간 $(0, 3)$에서 극댓값과 극솟값을 모두 갖도록 하는 정수 a의 값의 합은?

① -23 ② -22 ③ -21
④ -20 ⑤ -19

06 함수의 그래프

함수 $f(x)=-x^3+2x^2+5x$에 대하여 다음 그림과 같이 곡선 $y=f(x)$ 위의 점 $\mathrm{A}(-1, -2)$에서의 접선 $y=g(x)$와 곡선 $y=f(x)$가 만나는 점 중에서 접점이 아닌 점을 $\mathrm{B}(a, b)$라 하자. 함수 $f(x)-g(x)$가 $x=k$에서 극댓값을 가질 때, $a+b+k$의 값은?

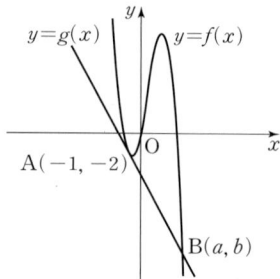

① $-\dfrac{19}{3}$ ② -6 ③ $-\dfrac{17}{3}$

④ $-\dfrac{16}{3}$ ⑤ -5

07 함수의 그래프

삼차함수 $f(x)=x(x-\alpha)(x-\beta)(0<\alpha<\beta)$의 그래프가 다음 그림과 같을 때, 실수 a, b에 대하여 함수 $g(x)$를
$$g(x)=f(a)+(b-a)f'(x)$$
라 하자. $a<0$, $\alpha<b<\beta$일 때, 옳은 것만을 〈보기〉에서 있는 대로 고른 것은?

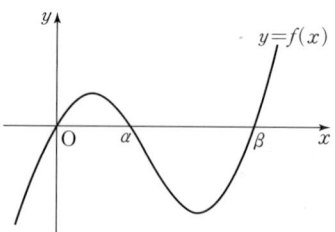

> ┤ 보기 ├
>
> ㄱ. x에 대한 방정식 $g(x)=f(a)$는 서로 다른 두 실근을 갖는다.
> ㄴ. $f(a)<g(a)$
> ㄷ. $f(a)<g(b)$

① ㄱ ② ㄷ ③ ㄱ, ㄴ
④ ㄴ, ㄷ ⑤ ㄱ, ㄴ, ㄷ

심화 유형 도전하기

• 정답률 12%

01
[4분]

최고차항의 계수가 1인 삼차함수 $f(x)$가 $x=1$에서 극대, $x=\alpha$에서 극소이고, 두 점 A$(1, f(1))$, B$(\alpha, f(\alpha))$를 지나는 직선의 기울기가 -2일 때, 함수 $f(x)$의 극댓값과 극솟값의 차는?

① 2   ② 4   ③ 6   ④ 8   ⑤ 10

• 정답률 10%

02
[5분]

$f(0)=0$이고 최고차항의 계수가 1인 사차함수 $f(x)$에 대하여 함수 $g(x)=|f(x)-f(2)|$가 다음 조건을 만족시킬 때, $f(1)$의 최댓값을 구하시오.

> (가) $g(x)$는 $x=2$에서 미분가능하다.
> (나) $g(x)$는 $x=0$에서 극값 4를 갖는다.

• 정답률 8%

03
[7분]

최고차항의 계수가 2이고 극값을 갖는 삼차함수 $f(x)$에 대하여

$$g(x)=\begin{cases} f(x) & (f(x) \geq 2x) \\ 2x & (f(x) < 2x) \end{cases}$$

라 할 때, 함수 $g(x)$가 다음 조건을 만족시킨다.

> (가) $g(x)$는 극값을 갖지 않는다.
> (나) $g(x)$는 $x=2$에서 미분가능하지 않다.

$f(0)=0$일 때, $f(3)$의 값을 구하시오.

· 정답률 6%
04
8분

삼차함수 $f(x)=x^3+3x^2-9x-4$에 대하여 x에 대한 방정식 $f(x)=\dfrac{f(t)}{t}x$를 만족시키는 실수 x의 개수를 $g(t)$라 할 때, 함수 $g(t)$는 구간 (a, ∞)에서 연속이다. 실수 a의 최솟값을 m이라 할 때, $f(m)$의 값은?

① -9　　　② -3　　　③ 3　　　④ 9　　　⑤ 15

· 정답률 17%
05
4분

오른쪽 그림은 극댓값이 3, 극솟값이 -1인 삼차함수 $y=f(x)$의 그래프를 나타낸 것이다. 자연수 n에 대하여 함수 $|f(x)-n|$의 모든 극댓값의 합을 a_n, 모든 극솟값의 합을 b_n이라 하자. 예를 들어, $a_1=4$, $b_1=0$이다. 옳은 것만을 〈보기〉에서 있는 대로 고른 것은?

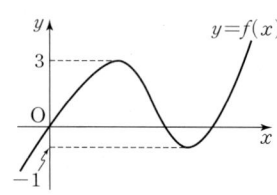

┤ 보기 ├
　ㄱ. $a_2+b_2=4$　　　　ㄴ. $\displaystyle\sum_{k=1}^{10} a_k=60$　　　　ㄷ. $\displaystyle\sum_{k=1}^{20}(a_k+b_k)=386$

① ㄱ　　　② ㄷ　　　③ ㄱ, ㄴ　　　④ ㄱ, ㄷ　　　⑤ ㄴ, ㄷ

· 정답률 12%
06
5분

최고차항의 계수가 양수인 두 삼차함수 $f(x)$, $g(x)$가 다음 조건을 만족시킨다.

㈎ $f(x+4)=g(x)+k$
㈏ $f(x)$는 $x=3$에서 극값 0을 갖는다.
㈐ $g(x)$는 $x=4$에서 극값 0을 갖는다.

옳은 것만을 〈보기〉에서 있는 대로 고른 것은?

┤ 보기 ├
　ㄱ. $k<0$이다.
　ㄴ. 함수 $f(x)$의 극솟값과 함수 $g(x)$의 극댓값의 합은 1이다.
　ㄷ. 두 함수 $y=f(x)$, $y=g(x)$의 그래프는 서로 만나지 않는다.

① ㄱ　　　② ㄴ　　　③ ㄷ　　　④ ㄱ, ㄷ　　　⑤ ㄴ, ㄷ

정답과 풀이 27쪽

• 정답률 15%

07

5분

최고차항의 계수가 양수인 두 삼차함수 $f(x)$, $g(x)$가 모든 실수 x에 대하여

$$f(x)g(x)=(x-1)^2(x-2)^2(x-k)^2$$

을 만족시킨다. 함수 $g(x)$가 $x=2$에서 극댓값 2를 가질 때, 방정식 $f(x)=g(x)$의 가장 큰 실근을 α라 하자. $f'(\alpha)$의 값은? (단, $k>2$)

① 5 ② $\frac{16}{3}$ ③ $\frac{17}{3}$ ④ 6 ⑤ $\frac{19}{3}$

• 정답률 10%

08

5분

최고차항의 계수가 1인 사차함수 $f(x)$가 모든 실수 x에 대하여 $f(-x)=f(x)$를 만족시킨다. 점 $(0,\ a)$ $(a>0)$에서 곡선 $y=f(x)$에 그은 접선의 개수를 $g(a)$라 할 때, 함수 $g(a)$가 $a=1$, $a=4$에서만 불연속이다. $f(3)$의 값을 구하시오.

• 정답률 7%

09

8분

양의 실수 p와 최고차항의 계수가 1인 삼차함수 $f(x)$에 대하여 두 함수 $g(x)$, $h(x)$가

$$g(x)=\begin{cases} f(x) & (x<0) \\ f(x-p) & (x\geq 0) \end{cases},\ h(x)=f(x)-f(x-p)$$

이다. 함수 $g(x)$가 실수 전체의 집합에서 미분가능할 때, 옳은 것만을 〈보기〉에서 있는 대로 고른 것은?

보기

ㄱ. 곡선 $y=h(x)$는 x축과 접한다.

ㄴ. 함수 $f(x)$는 극값을 갖는다.

ㄷ. 함수 $g(x)$가 $x=\alpha$, $x=\beta$ $(\alpha<\beta)$에서 극솟값을 갖고 $\alpha+\beta=\sqrt{3}$이면 $p=3$이다.

① ㄱ ② ㄷ ③ ㄱ, ㄴ ④ ㄴ, ㄷ ⑤ ㄱ, ㄴ, ㄷ

04 도함수의 활용 (3)

531 Project Hype

개념 & 대표 유형 짚어보기

1 / 함수의 최대·최소

함수 $f(x)$가 닫힌구간 $[a, b]$에서 연속일 때, 최댓값과 최솟값은 다음과 같은 순서로 구한다.

❶ 주어진 구간에서 $f(x)$의 극댓값과 극솟값을 구한다.

❷ 주어진 구간의 양 끝값에서의 함숫값 $f(a)$, $f(b)$를 구한다.

❸ ❶, ❷에서 구한 극댓값, 극솟값, $f(a)$, $f(b)$ 중에서 가장 큰 값이 최댓값이고, 가장 작은 값이 최솟값이다.

2 / 방정식과 부등식에의 활용

(1) 방정식에의 활용

① 방정식 $f(x)=0$의 서로 다른 실근의 개수는
함수 $y=f(x)$의 그래프와 x축의 교점의 개수와 같다.

② 방정식 $f(x)=g(x)$의 서로 다른 실근의 개수는
두 함수 $y=f(x)$, $y=g(x)$의 그래프의 교점의 개수와 같다.

(2) 부등식에의 활용

① 어떤 구간에서 부등식 $f(x) \geq 0$임을 증명할 때
➡ 그 구간에서 ($f(x)$의 최솟값) ≥ 0임을 보인다.

② 어떤 구간에서 부등식 $f(x) \geq g(x)$임을 증명할 때
➡ $h(x)=f(x)-g(x)$로 놓고, 주어진 구간에서
$h(x) \geq 0$임을 보인다.

3 / 속도와 가속도

수직선 위를 움직이는 점 P의 시각 t에서의 위치 x가 $x=f(t)$일 때, 시각 t에서의 점 P의 속도와 가속도는

① 속도 $v=\dfrac{dx}{dt}=f'(t)$ ② 가속도 $a=\dfrac{dv}{dt}=v'(t)$

| 개념 Plus |

- **삼차방정식의 실근과 허근**
최고차항의 계수가 양수인 삼차함수 $f(x)$에 대하여 $f'(x)=0$이 서로 다른 두 실근을 가질 때, 즉 극댓값과 극솟값을 모두 가질 때 삼차방정식 $f(x)=0$의 근은 다음과 같다.
① (극댓값)×(극솟값)$<0 \iff$ 서로 다른 세 실근
② (극댓값)×(극솟값)$=0 \iff$ 중근과 다른 한 실근 (서로 다른 두 실근)
③ (극댓값)×(극솟값)$>0 \iff$ 한 실근과 두 허근

- **시각에 대한 길이, 넓이, 부피의 변화율**
어떤 시각 t에서의 길이가 l, 넓이가 S, 부피가 V일 때, 시간이 $\varDelta t$만큼 지난 후 길이, 넓이, 부피가 각각 $\varDelta l$, $\varDelta S$, $\varDelta V$만큼 변했다고 하면

① 시각 t에서의 길이 l의 변화율 : $\displaystyle\lim_{\varDelta t \to 0} \frac{\varDelta l}{\varDelta t} = \frac{dl}{dt}$

② 시각 t에서의 넓이 S의 변화율 : $\displaystyle\lim_{\varDelta t \to 0} \frac{\varDelta S}{\varDelta t} = \frac{dS}{dt}$

③ 시각 t에서의 부피 V의 변화율 : $\displaystyle\lim_{\varDelta t \to 0} \frac{\varDelta V}{\varDelta t} = \frac{dV}{dt}$

---

01 방정식에의 활용

최고차항의 계수가 1인 삼차함수 $f(x)$가 모든 실수 x에 대하여 $f(-x)=-f(x)$를 만족시킨다. 방정식 $\{f(x)\}^2=4$의 서로 다른 실근의 개수가 4일 때, $f(1)$의 값은?

① -2 ② -1 ③ 1

④ 2 ⑤ 3

02 방정식에의 활용

두 함수 $y=f(x)$, $y=g(x)$의 도함수 $y=f'(x)$, $y=g'(x)$의 그래프가 다음 그림과 같이 $x=\alpha$, $x=\beta$, $x=\gamma$ $(\alpha<\beta<\gamma)$에서 만난다. $h(x)=f(x)-g(x)$라 할 때, 옳은 것만을 〈보기〉에서 있는 대로 고른 것은?

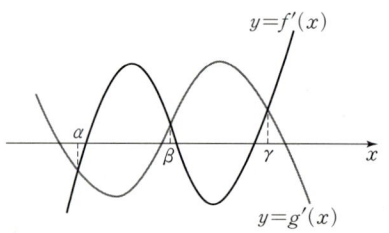

| 보기 |

ㄱ. $h(\alpha)h(\gamma)<0$이면 방정식 $h(x)=0$은 서로 다른 두 실근을 갖는다.

ㄴ. $h(\alpha)h(\gamma)=0$이면 방정식 $h(x)=0$은 서로 다른 세 실근을 갖는다.

ㄷ. $h(\beta)<0$이면 방정식 $h(x)=0$은 서로 다른 두 실근을 갖는다.

① ㄱ   ② ㄴ   ③ ㄱ, ㄷ

④ ㄴ, ㄷ   ⑤ ㄱ, ㄴ, ㄷ

03 부등식에의 활용

$x \leq 0$일 때, x에 대한 부등식 $x^3 + 4x^2 - ax - 18 \leq 0$이 항상 성립하기 위한 실수 a의 최댓값은?

① 3　　　　　　② 4　　　　　　③ 5

④ 6　　　　　　⑤ 7

04 부등식에의 활용

함수 $f(x) = \begin{cases} x^2 - 2x & (x < 1) \\ x^3 + 2x^2 - 4 & (x \geq 1) \end{cases}$ 일 때, 모든 실수 x에 대하여 부등식 $f(x) \geq k(x-1) - 1$이 성립하도록 하는 정수 k의 최댓값과 최솟값의 합을 구하시오.

05 속도와 가속도

원점을 출발하여 수직선 위를 움직이는 점 P의 시각 t에서의 위치 $x(t)$가

$$x(t) = t^3 - \frac{15}{2}t^2 + 12t$$

로 주어질 때, 옳은 것만을 〈보기〉에서 있는 대로 고른 것은?

┌ 보기 ┐

ㄱ. $t=1$, $t=4$일 때 점 P는 운동 방향을 바꾼다.

ㄴ. $t=2$일 때, 점 P의 가속도는 -3이다.

ㄷ. $2 \leq t \leq 5$일 때, 점 P의 최대 속력은 $\frac{27}{4}$이다.

① ㄱ　　　　　② ㄷ　　　　　③ ㄱ, ㄴ

④ ㄴ, ㄷ　　　⑤ ㄱ, ㄴ, ㄷ

06 시각에 대한 넓이의 변화율

좌표평면에서 x축 위를 움직이는 점 P와 두 점 A$(6, 0)$, B$(0, 2)$가 있다. 점 P를 지나고 직선 BP와 수직인 직선이 직선 $x=6$과 만나는 점을 Q라 하자. 점 P가 원점을 출발하여 $t\ (0 < t < 3)$초 후의 위치가 $x=2t$로 주어질 때, 삼각형 PAQ가 직각이등변삼각형이 되는 순간, 삼각형 PAQ의 넓이의 변화율은?

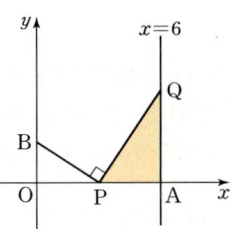

① $-\dfrac{2}{3}$　　　　② $-\dfrac{1}{3}$　　　　③ 0

④ $\dfrac{1}{3}$　　　　　⑤ $\dfrac{2}{3}$

07 시각에 대한 부피의 변화율

$\overline{AB} = 10$, $\overline{AD} = 10$, $\overline{AE} = 20$인 직육면체 ABCD−EFGH가 있다. 점 P, Q는 각각 점 E, F를 출발하여 매초 1의 속력으로 점 F, G를 향해 움직이고, 점 R는 점 H를 출발하여 매초 2의 속력으로 점 D를 향해 움직인다. 세 점 P, Q, R가 동시에 출발하여 4초가 되는 순간, 사면체 R−HPQ의 부피의 변화율은 $\dfrac{q}{p}$이다. $p+q$의 값을 구하시오.

(단, p와 q는 서로소인 자연수이다.)

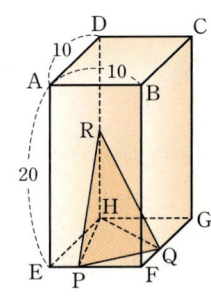

심화 유형 도전하기

· 정답률 15%

01

두 함수 $f(x)=2x^3-6x^2+k$, $g(x)=x^3-(n-1)x^2-nx$에 대하여 방정식 $(g \circ f)(x)=0$ 의 서로 다른 실근의 개수가 8일 때, 모든 자연수 n의 값의 합을 구하시오.

(단, k는 실수이다.)

· 정답률 13%

02

삼차함수 $f(x)=x^3+ax^2-4x$에 대하여 곡선 $y=f(x)$ 위의 점 $P(t, f(t))$에서의 접선이 y축과 만나는 점을 Q라 하자. 삼각형 OPQ의 넓이를 $g(t)$라 할 때, 함수 $g(t)$는 오직 $t=4$일 때만 미분가능하지 않다. 방정식 $g(t)=b$의 서로 다른 실근의 개수가 3일 때, 상수 a, b에 대하여 $a+b$의 값을 구하시오. $\left(\text{단, O는 원점이고, } g(0)=g\left(-\dfrac{a}{2}\right)=0\text{이다.}\right)$

· 정답률 7%

03
(8분)

사차식 $f(x)$에 대하여 두 방정식 $f(x)=0$, $f(x)=x$가 각각 다음 조건을 만족시킨다.

> ㈎ 0을 근으로 갖지 않는다. ㈏ 서로 다른 실근의 개수는 3이다. ㈐ 음의 실근의 개수는 1이다.

옳은 것만을 〈보기〉에서 있는 대로 고른 것은?

┤보기├
ㄱ. 방정식 $f(x)=0$과 $f'(x)=0$은 양의 공통근을 갖는다.
ㄴ. 방정식 $f(x)=3x$의 모든 실근의 곱은 0보다 작다.
ㄷ. 방정식 $f(x)=\dfrac{x}{2}$의 음의 실근은 방정식 $f(x)=x$의 음의 실근보다 작다.

① ㄱ   ② ㄴ   ③ ㄱ, ㄴ   ④ ㄴ, ㄷ   ⑤ ㄱ, ㄴ, ㄷ

정답과 풀이 **32쪽**

· 정답률 9%

04
8분

$x \geq -1$일 때 방정식 $|x^3 - 3x^2 + 2| - 2 = a(x+1)$의 서로 다른 실근의 개수를 $N(a)$라 하자. 옳은 것만을 〈보기〉에서 있는 대로 고른 것은?

┌ 보기 ├─────────────────────────────

ㄱ. $N(a)$의 최솟값은 1, 최댓값은 6이다.

ㄴ. $-1 < a < -4 + 2\sqrt{3}$일 때, $N(a) = 4$이다.

ㄷ. $N(a) = 2$를 만족시키는 음의 정수 a의 최댓값은 -2이다.

└──────────────────────────────────────

① ㄱ   ② ㄷ   ③ ㄱ, ㄴ   ④ ㄴ, ㄷ   ⑤ ㄱ, ㄴ, ㄷ

· 정답률 15%

05
4분

수직선 위를 움직이는 두 점 P, Q의 시각 t에서의 위치가 각각

$$x_P(t) = t^3 - t^2 + at, \quad x_Q(t) = t^4 - 4t^2 + 8t$$

이다. 두 점 P, Q가 원점을 출발한 후 속도가 같아지는 순간이 오직 한 번뿐일 때, 10 이하의 모든 정수 a의 값의 합을 구하시오.

· 정답률 17%

06
4분

오른쪽 그림과 같이 $\overline{AB} = 8$, $\overline{BC} = 10$인 직사각형 ABCD에서 점 P는 점 A에서 출발하여 변 AB 위를 매초 1씩 움직여 점 B까지, 점 Q는 점 B에서 출발하여 변 BC 위를 매초 2씩 움직여 점 C까지, 점 R는 점 C에서 출발하여 변 CD 위를 매초 1씩 움직여 점 D까지 간다. 세 점 P, Q, R가 동시에 출발하여 삼각형 PQR가 $\angle PQR = \dfrac{\pi}{2}$인 직각삼각형이 되는 순간, 삼각형 PQR의 넓이의 시간(초)에 대한 변화율은?

① 1   ② 2   ③ 3   ④ 4   ⑤ 5

정답과 풀이 **34쪽**

● 삼차함수 $f(x)=8x^3-ax^2+bx+36$에 대하여 함수

$$g(x)=\begin{cases} f(x) & (x\geq0) \\ c-f(x) & (x<0) \end{cases}$$

이 다음 조건을 만족시킬 때, 상수 a, b, c에 대하여 $a+b+c$의 값을 구하시오.

㈎ 함수 $g(x)$는 실수 전체의 집합에서 미분가능하다.

㈏ 방정식 $g(x)=4x$의 서로 다른 실근의 개수는 1이다.

㈐ 함수 $g(x)$의 극솟값은 양수이다.

III

적분

01 부정적분과 정적분

531 Project Hyper

개념 & 대표 유형 짚어보기

1 / 부정적분

(1) 부정적분의 정의

함수 $f(x)$에 대하여 $F'(x)=f(x)$인 함수 $F(x)$를 $f(x)$의 부정적분이라 하고, 기호로 $\int f(x)dx$와 같이 나타낸다. 즉,

$$\int f(x)dx=F(x)+C \text{ (단, } C\text{는 적분상수)}$$

(2) 함수 $y=x^n$의 부정적분

n이 음이 아닌 정수일 때

$$\int x^n dx=\frac{1}{n+1}x^{n+1}+C \text{ (단, } C\text{는 적분상수)}$$

(3) 부정적분과 미분의 관계

① $\dfrac{d}{dx}\displaystyle\int f(x)dx=f(x)$

② $\displaystyle\int \left\{\dfrac{d}{dx}f(x)\right\}dx=f(x)+C$ (단, C는 적분상수)

2 / 정적분

(1) 정적분의 정의

함수 $f(x)$가 닫힌구간 $[a, b]$에서 연속이고, $f(x)$의 한 부정적분을 $F(x)$라 하면

$$\int_a^b f(x)dx=\left[F(x)\right]_a^b=F(b)-F(a)$$

(2) 정적분의 기하적 의미

함수 $f(x)$가 닫힌구간 $[a, b]$에서 연속이고 $f(x)\geq 0$일 때, 정적분 $\displaystyle\int_a^b f(x)dx$는 곡선 $y=f(x)$와 x축 및 두 직선 $x=a$, $x=b$로 둘러싸인 도형의 넓이와 같다.

(3) 정적분으로 정의된 함수의 극한

① $\displaystyle\lim_{x\to a}\frac{1}{x-a}\int_a^x f(t)dt=f(a)$

② $\displaystyle\lim_{h\to 0}\frac{1}{h}\int_a^{a+h} f(t)dt=f(a)$

| 개념 Plus |

• 우함수와 기함수의 정적분

함수 $f(x)$가 닫힌구간 $[-a, a]$에서 연속일 때, 이 구간의 모든 x에 대하여

① $f(-x)=f(x)$, 즉 우함수이면 $\displaystyle\int_{-a}^a f(x)dx=2\int_0^a f(x)dx$

② $f(-x)=-f(x)$, 즉 기함수이면 $\displaystyle\int_{-a}^a f(x)dx=0$

01 부정적분

모든 자연수 n에 대하여 다음 조건을 만족시키는 함수 $f_n(x)$가 있다.

> ㈎ $f_1(x)=1$
>
> ㈏ $f_{n+1}(x)=(n+1)\displaystyle\int f_n(x)dx$, $f_{n+1}(0)=0$

$F_n(x)=\displaystyle\int \{f_1(x)+f_2(x)+f_3(x)+\cdots+f_n(x)\}dx$이고 $F_n(0)=3$일 때, $F_{20}(1)$의 값을 구하시오.

02 부정적분과 미분의 관계

두 다항함수 $f(x)$, $g(x)$가 다음 조건을 만족시킬 때, $f(3)+g(4)$의 값을 구하시오.

> ㈎ $f(x)g'(x)+f'(x)g(x)=3x^2-10x+8$
>
> ㈏ $f(x)=(x-1)g(x)$
>
> ㈐ $g(0)>0$

03 부정적분과 미분의 관계

실수 전체의 집합에서 연속인 함수 $f(x)$의 도함수 $y=f'(x)$의 그래프가 다음 그림과 같다. $-2<x<2$에서 $f'(x)$는 이차함수이고, $f(0)=2$일 때, 방정식 $f(x)=k$가 서로 다른 세 실근을 갖기 위한 모든 실수 k의 값의 합을 구하시오.

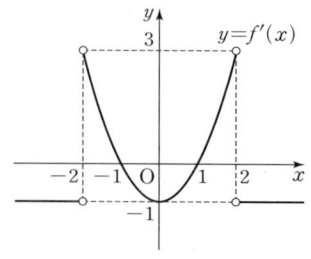

04 정적분의 계산

사차함수 $y=f(x)$의 그래프가 다음 그림과 같다.

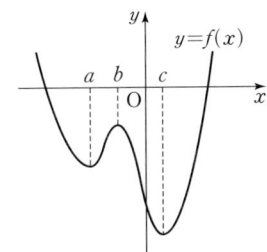

$f(x)$가 다음 조건을 만족시킬 때, $\displaystyle\int_a^c |f'(x)|dx$의 값은?

(단, $a<b<c$)

> ㈎ $f'(a)=f'(b)=f'(c)=0$
> ㈏ $f(b)=-2$
> ㈐ $f(a)+f(c)=-15$

① 9　　　　　② 11　　　　　③ 13
④ 15　　　　　⑤ 17

05 대칭성과 정적분

이차함수 $f(x)$가 $f(x)=f(2-x)$를 만족시키고

$$\int_{-1}^5 f(x)dx=11,\ \int_{-3}^1 f(x)dx=8$$

일 때, $\displaystyle\int_{-3}^{-1}f(x)dx+\int_1^5 f(x)dx$의 값은?

① 4　　　　　② 7　　　　　③ 10
④ 13　　　　　⑤ 16

06 정적분의 계산

삼차함수 $f(x)$가 다음 조건을 만족시킬 때, 정적분 $\displaystyle\int_{-1}^1 |f'(x)|dx$의 값을 구하시오.

> ㈎ 모든 실수 a에 대하여 $\displaystyle\int_{-a}^a f(t)dt=0$이다.
> ㈏ $x=1$에서 극댓값 4를 갖는다.

07 정적분으로 정의된 함수

두 다항식 $f(x)$, $g(x)$가 다음 조건을 만족시킬 때, 상수 k의 값은?

> ㈎ $\displaystyle\int_2^x f(t)dt=xg(x)+kx-1$
> ㈏ $g(x)=x^2-2x\displaystyle\int_0^2 f(t)dt+3$

① -3　　　　② $-\dfrac{5}{2}$　　　　③ -2
④ $-\dfrac{3}{2}$　　　　⑤ -1

08 정적분의 계산

모든 실수 x에서 미분가능한 두 함수 $f(x)$, $g(x)$가 다음 조건을 만족시킬 때, $\displaystyle\int_3^7 \{f(x)-g(x)\}dx$의 값을 구하시오.

> ㈎ 모든 실수 x에 대하여 $f'(x)>g'(x)$이다.
> ㈏ $f(3)=g(3)$
> ㈐ $\displaystyle\int_0^3 |f(x)-g(x)|dx=3,\ \int_0^7 |f(x)-g(x)|dx=20$

09 정적분으로 정의된 함수

이차함수 $f(x)=3x^2-12x+k$에 대하여 함수 $F(x)$를

$F(x)=\displaystyle\int_2^x f(t)dt$라 하자. 함수 $|F(x)|$가 실수 전체의 집합

에서 미분가능할 때, 상수 k의 값은?

① 10   ② 11   ③ 12

④ 13   ⑤ 14

10 정적분의 계산

삼차함수 $f(x)$가 다음 조건을 만족시킨다.

㈎ 모든 실수 x에 대하여 $f(-x)=-f(x)$이다.
㈏ 곡선 $y=f(x)$ 위의 점 $(1,\ f(1))$에서의 접선의 방정식은
     $y=-x-2$이다.

$\displaystyle\int_{-1}^1 (x-3)|f'(x)|dx$의 값은?

① -6 ② -12 ③ -18

④ -24 ⑤ -30

11 정적분의 계산

실수 전체의 집합에서 연속인 함수 $f(x)$가 다음 조건을 만족시킨다.

㈎ $\displaystyle\int_0^1 f(x)dx=4$
㈏ $\displaystyle\int_0^1 \{tf(x)-1\}^2 dx=0$을 만족시키는 실수 t의 값은 오직
     하나이다.

$\displaystyle\int_0^1 \{f(x)\}^2 dx$의 값을 구하시오.

12 정적분으로 정의된 함수

다음 그림과 같이 이차함수 $y=f(x)$의 그래프가 x축과 서로 다른 두 점 $(a,\ 0)$, $(b,\ 0)$에서 만난다.

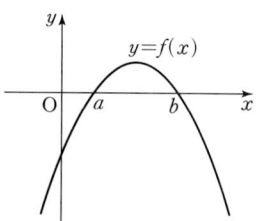

함수 $F(x)=\displaystyle\int_a^x f(t)f'(t)dt$에 대하여 옳은 것만을 〈보기〉에서 있는 대로 고른 것은? (단, $0<a<b$)

┤ 보기 ├

ㄱ. $F'\left(\dfrac{a+b}{2}\right)=0$
ㄴ. $F(b)=0$
ㄷ. 모든 실수 x에 대하여 $F(x)\geq0$이 성립한다.

① ㄱ   ② ㄴ   ③ ㄱ, ㄴ

④ ㄴ, ㄷ   ⑤ ㄱ, ㄴ, ㄷ

심화 유형 도전하기

· 정답률 14%

01

6분

상수함수가 아닌 다항함수 $f(x)$가 모든 실수 x에 대하여

$$f(f(x)) = \int_0^x f(t)dt - x^2 - x + 15$$

를 만족시킬 때, $f(5)$의 값은?

① 11   ② 13   ③ 15   ④ 17   ⑤ 19

· 정답률 12%

02

6분

삼차방정식 $x^3 - 3x + 1 = 0$의 서로 다른 세 실근 중 가장 작은 근을 α, 가장 큰 근을 β라 하자.

$\int_\alpha^\beta 3|x^2 - 1|dx$의 값은?

① 6   ② 8   ③ 10   ④ 12   ⑤ 14

· 정답률 8%

03

8분

실수 전체의 집합에서 미분가능한 함수 $f(x)$가 모든 실수 x, y에 대하여

$$f(x+y) = f(x) + f(y) - 2xy(x+y) + 2$$

를 만족시킬 때, 옳은 것만을 〈보기〉에서 있는 대로 고른 것은?

┌ 보기 ┐
ㄱ. $f(1) = f'(0)$
ㄴ. $f'(2) = -6$이면 함수 $f(x)$는 극값을 갖는다.
ㄷ. 함수 $f(x)$가 극값을 가질 때, 모든 극값의 합은 -4이다.
└─────────────────┘

① ㄱ   ② ㄴ   ③ ㄱ, ㄷ   ④ ㄴ, ㄷ   ⑤ ㄱ, ㄴ, ㄷ

· 정답률 12%

04
6분

함수 $f(x)$가

$$f(x) = k\int_0^6 |x-t|\,dt \ (k\text{는 상수})$$

이고 $f(3) = 3$일 때, $\int_0^9 kf(x)\,dx$의 값을 구하시오.

· 정답률 10%

05
8분

실수 t에 대하여 $f(x) = x^2 + 2tx + 1$이라 하자. $0 \leq x \leq 1$에서 함수 $f(x)$의 최댓값을 $g(t)$, 최솟값을 $h(t)$라 할 때, $\int_{-2}^2 \{g(t) - h(t)\}\,dt$의 값은?

① $\dfrac{33}{4}$　　② $\dfrac{25}{3}$　　③ $\dfrac{101}{12}$　　④ $\dfrac{17}{2}$　　⑤ $\dfrac{103}{12}$

· 정답률 9%

06
7분

실수 전체의 집합에서 연속인 함수 $y = f(x)$의 그래프가 오른쪽 그림과 같다. 함수 $g(x)$를 $g(x) = \int_0^x tf(t)\,dt$라 할 때, 옳은 것만을 〈보기〉에서 있는 대로 고른 것은?

┤ 보기 ├
ㄱ. 함수 $g(x)$는 모든 실수 x에서 미분가능하다.
ㄴ. 방정식 $g(x) = 0$은 열린구간 $(2, 3)$에서 적어도 하나의 실근을 갖는다.
ㄷ. 방정식 $g(x) = 0$의 서로 다른 실근의 개수는 2이다.

① ㄱ　　② ㄴ　　③ ㄱ, ㄴ　　④ ㄴ, ㄷ　　⑤ ㄱ, ㄴ, ㄷ

• 정답률 12%

07
6분

$f(9)=0$인 연속함수 $f(x)$가 다음 조건을 만족시킨다.

> (가) $x_1<x_2$인 임의의 두 실수 x_1, x_2에 대하여 $f(x_1)>f(x_2)$이다.
> (나) 모든 실수 x에 대하여 $f(x)=f(x+2)+6$이다.

$\displaystyle\int_7^9|f(x)|dx=\int_9^{11}|f(x)|dx$일 때, $\displaystyle\int_{-1}^1|f(x)|dx$의 값을 구하시오.

• 정답률 13%

08
7분

다항함수 $f(x)$와 삼차함수 $g(x)=ax^3+3x+2\ (a>0)$이 다음 조건을 만족시킨다.

> (가) 곡선 $y=f(x)$ 위의 임의의 점 $\mathrm{P}(t,\ f(t))$에서의 접선이 점 $(2t,\ g(2t))$를 지난다.
> (나) t가 양수일 때, 두 점 $\mathrm{P}(t,\ f(t))$, $\mathrm{Q}(t,\ 0)$에 대하여 삼각형 POQ의 넓이를 $S(t)$라 하면 $\displaystyle\int_1^2 S(t)dt=36$이다.

$\displaystyle\int_0^2|f(x)-g(x)|dx$의 값을 구하시오. (단, O는 원점이다.)

• 정답률 12%

09
8분

최고차항의 계수가 1인 삼차함수 $f(x)$가 다음 조건을 만족시킨다.

> (가) $x=0$에서 극댓값을 갖는다.
> (나) 함수 $|f(x)|$는 $x=-1$에서 미분가능하지 않다.

함수 $g(t)=\displaystyle\int_0^{t^2}f(x)dx$가 $t=\sqrt{3}$에서 극솟값을 가질 때, $12g(1)$의 값을 구하시오.

02 정적분의 활용

개념 & 대표 유형 짚어보기

1 / 곡선과 좌표축 사이의 넓이

함수 $f(x)$가 닫힌구간 $[a, b]$에서 연속일 때, 곡선 $y=f(x)$와 x축 및 두 직선 $x=a$, $x=b$로 둘러싸인 도형의 넓이 S는

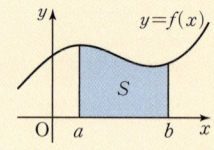

$$S=\int_a^b |f(x)|dx$$

2 / 두 곡선 사이의 넓이

두 함수 $f(x)$, $g(x)$가 닫힌구간 $[a, b]$에서 연속일 때, 두 곡선 $y=f(x)$, $y=g(x)$ 및 두 직선 $x=a$, $x=b$로 둘러싸인 도형의 넓이 S는

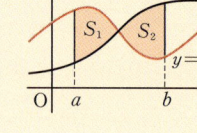

$$S=S_1+S_2=\int_a^b |f(x)-g(x)|dx$$

3 / 수직선 위를 움직이는 점의 위치와 움직인 거리

수직선 위를 움직이는 점 P의 시각 t에서의 속도를 $v(t)$, 시각 $t=t_0$에서의 점 P의 위치를 x_0이라 할 때

① 시각 t에서의 점 P의 위치 x는

$$x=x_0+\int_{t_0}^t v(t)dt$$

② 시각 $t=a$에서 $t=b$까지 점 P의 위치의 변화량은

$$\int_a^b v(t)dt$$

③ 시각 $t=a$에서 $t=b$까지 점 P가 움직인 거리 s는

$$s=\int_a^b |v(t)|dt$$

| 개념 Plus |

• 곡선 $y=f(x)$와 x축으로 둘러싸인 두 도형의 넓이를 각각 S_1, S_2라 할 때, $S_1=S_2$이면

$$\int_a^b f(x)dx=0$$

• 두 곡선 $y=f(x)$, $y=g(x)$로 둘러싸인 두 도형의 넓이를 각각 S_1, S_2라 할 때, $S_1=S_2$이면

$$\int_a^b \{f(x)-g(x)\}dx=0$$

01 곡선과 좌표축 사이의 넓이

$x=2$와 $x=6$에서 각각 극솟값 -2, 1을 갖고, 극댓값 3을 갖는 사차함수 $y=f(x)$의 그래프가 다음 그림과 같을 때, $f(x)$의 도함수 $y=f'(x)$의 그래프와 x축으로 둘러싸인 부분의 넓이는?

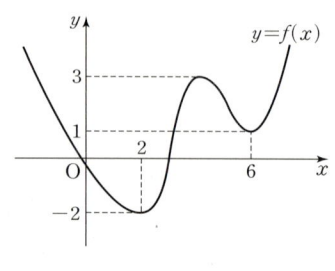

① 3 ② 5 ③ 7
④ 9 ⑤ 11

02 곡선과 좌표축 사이의 넓이

자연수 n에 대하여 다항함수 $f_n(x)=x^n(1-x)$의 그래프와 x축으로 둘러싸인 부분의 넓이를 S_n이라 할 때, 옳은 것만을 〈보기〉에서 있는 대로 고른 것은?

┌ 보기 ├─────────────────────────
ㄱ. $S_1=\dfrac{1}{6}$ ㄴ. $S_n>S_{n+1}$ ㄷ. $\displaystyle\sum_{k=1}^{10} S_k=\dfrac{1}{2}$
└────────────────────────────────

① ㄱ ② ㄴ ③ ㄱ, ㄴ
④ ㄴ, ㄷ ⑤ ㄱ, ㄴ, ㄷ

03 곡선과 좌표축 사이의 넓이

함수 $f(x)=x^3+x$의 역함수를 $g(x)$라 할 때, $\displaystyle\int_2^{10} g(x)dx-\int_2^1 f(x)dx$의 값을 구하시오.

04 곡선과 좌표축 사이의 넓이

다음 그림과 같이 곡선 $y=-x^3+x+a$가 $x\geq0$에서 x축과 서로 다른 두 점 A, B에서 만난다. 색칠한 두 부분의 넓이가 같을 때, 상수 a의 값은?

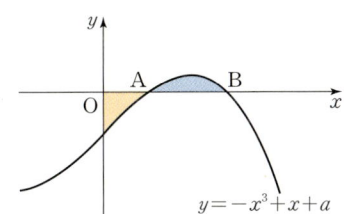

① $-\dfrac{1}{3}$　　② $-\dfrac{\sqrt{6}}{9}$　　③ $-\dfrac{\sqrt{3}}{3}$

④ $-\dfrac{\sqrt{40}}{9}$　　⑤ -1

05 두 곡선 사이의 넓이

곡선 $y=x^3-4x^2+x+2$와 직선 $y=-3x+a$가 서로 다른 두 점에서 만날 때, 곡선 $y=x^3-4x^2+x+2$와 직선 $y=-3x+a$로 둘러싸인 부분의 넓이는? (단, $a<3$)

① 1　　② $\dfrac{4}{3}$　　③ $\dfrac{5}{3}$

④ 2　　⑤ $\dfrac{7}{3}$

06 속도와 거리

어느 자동차는 출발 후 30 km까지는 $v(t)=\dfrac{1}{6}t^2+t$ (km/min)의 속도로 움직이고 그 이후로는 30 km 지점에서의 속도를 유지하면서 움직인다고 한다. 출발 후 10분 동안 이 자동차가 움직인 거리는 몇 km인지 구하시오.

07 속도와 거리

원점을 동시에 출발하여 시각 b에서 동시에 같은 지점에 도착하는 수직선 위를 움직이는 두 점 P, Q의 시각 $t(0\leq t\leq b)$에서의 속도를 각각 $v_1(t)$, $v_2(t)$라 할 때, 두 속도를 나타내는 그래프가 다음 그림과 같다.

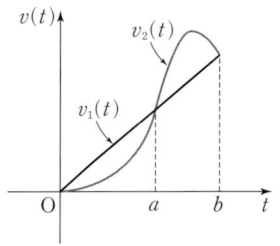

옳은 것만을 〈보기〉에서 있는 대로 고른 것은? (단, $0<a<b$)

보기
ㄱ. 출발 후 시각 b까지의 두 점 P, Q의 평균 속도는 같다.
ㄴ. 두 점 P, Q는 $t=a$에서 만난다.
ㄷ. $0\leq t\leq a$에서 $v_1(t)$, $v_2(t)$의 그래프로 둘러싸인 부분의 넓이와 $a\leq t\leq b$에서 $v_1(t)$, $v_2(t)$의 그래프로 둘러싸인 부분의 넓이는 같다.

① ㄱ　　② ㄴ　　③ ㄱ, ㄷ

④ ㄴ, ㄷ　　⑤ ㄱ, ㄴ, ㄷ

심화 **유형** 도전하기

· 정답률 14%

01
6분

두 함수 $f(x)=x^2-x-\dfrac{1}{4}$, $g(x)=x^2-5x+\dfrac{15}{4}$에 대하여 곡선 $y=f(x)$와 $y=g(x)$에 모두 접하는 직선을 l이라 하자. 직선 l과 두 곡선 $y=f(x)$, $y=g(x)$로 둘러싸인 부분의 넓이를 S라 할 때, $30S$의 값을 구하시오.

· 정답률 17%

02
5분

원 $x^2+y^2=1$ 위의 점 $\left(\dfrac{1}{2}, -\dfrac{\sqrt{3}}{2}\right)$에서의 접선 l이 곡선 $y=-\dfrac{\sqrt{3}}{3}(x-3)(x-\alpha)$와 접할 때, 직선 l과 곡선 $y=-\dfrac{\sqrt{3}}{3}(x-3)(x-\alpha)$ 및 x축으로 둘러싸인 부분의 넓이는? (단, $\alpha>3$)

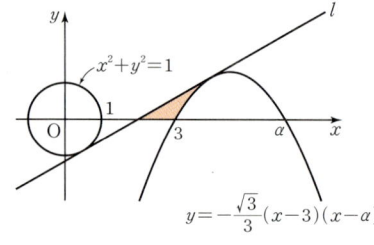

① $\dfrac{5\sqrt{3}}{18}$ 　　② $\dfrac{\sqrt{3}}{3}$ 　　③ $\dfrac{7\sqrt{3}}{18}$ 　　④ $\dfrac{4\sqrt{3}}{9}$ 　　⑤ $\dfrac{\sqrt{3}}{2}$

· 정답률 12%

03
7분

두 곡선 $y=-2x^2$, $y=-x^2+2x-35$의 교점의 x좌표를 각각 α, β $(\alpha<\beta)$라 할 때, $\alpha\leq t\leq\beta$인 실수 t에 대하여 $x=t$에서의 곡선 $y=-x^2+2x-35$의 접선과 곡선 $y=-2x^2$으로 둘러싸인 부분의 넓이를 $S(t)$라 하자. $S(t)$의 최댓값은?

① 144 　　② $144\sqrt{2}$ 　　③ $144\sqrt{3}$ 　　④ 288 　　⑤ $288\sqrt{2}$

함수 $y=x^2+x+4-|3x|$의 그래프와 직선 $y=mx+4$로 둘러싸인 부분의 넓이는 $m=k$일 때 최솟값 S를 갖는다. $k+S$의 값을 구하시오.

점 P가 수직선 위의 한 점을 출발하여 수직선 위를 움직일 때, 출발한 지 t초 후의 속도가
$$v(t)=t^2(t-a)(t-b) \ (0<a<b)$$
로 주어진다. 점 P가 출발하여 다시 출발점으로 되돌아오지 않는다고 할 때, 다음 중 $\dfrac{b}{a}$의 값으로 가능한 것은?

① $\dfrac{5}{4}$　　　② $\dfrac{5}{3}$　　　③ $\dfrac{7}{4}$　　　④ $\dfrac{9}{4}$　　　⑤ 3

직선 주로를 20 m/s의 일정한 속도로 달리던 자동차의 운전자가 전방 300 m 지점에 있는 장애물을 발견하고 브레이크를 밟았다. 브레이크를 밟은 후 정지할 때까지의 자동차의 가속도가 $-a$ m/s²일 때, 이 자동차가 장애물과 부딪히기 전에 정지하기 위한 자연수 a의 최솟값을 구하시오.

● 최고차항의 계수가 양수인 삼차함수 $f(x)$와 실수 t에 대하여 방정식 $f(x)=f(t)$의 서로 다른 실근의 개수를 $g(t)$라 할 때, 함수 $y=g(t)$의 그래프는 오른쪽 그림과 같다. $0<a<b<c$이고 $f(0)=0$, $f(a)=4$일 때, $\displaystyle\int_0^{a+c} |f'(x)|\,dx$의 값을 구하시오.

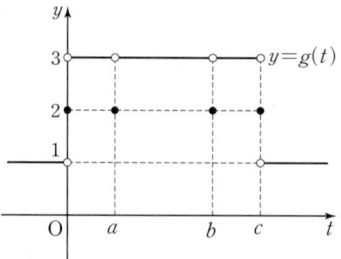

PROJECT 531 HYPER

수 준 별 단 기 특 강 서

수학　수학Ⅱ H

우월하게

정답과 풀이

정답과 풀이

수학 Ⅱ

I 함수의 극한과 연속

01 함수의 극한

| 개념 & 대표 유형 짚어보기 | 본문 08 ~ 09쪽

01 ③ **02** 2 **03** $\frac{1}{2}$ **04** ④ **05** ④ **06** 14

07 11 **08** ⑤ **09** 2

| 심화 유형 도전하기 | 본문 10 ~ 11쪽

01 ② **02** ④ **03** 28 **04** ④ **05** ③ **06** 320

02 함수의 연속

| 개념 & 대표 유형 짚어보기 | 본문 12 ~ 13쪽

01 ⑤ **02** ④ **03** ① **04** ⑤ **05** ② **06** 14

07 ④ **08** ① **09** ③

| 심화 유형 도전하기 | 본문 14 ~ 15쪽

01 ④ **02** ③ **03** ③ **04** ④ **05** ② **06** ④

II 미분

01 미분계수와 도함수

| 개념 & 대표 유형 짚어보기 | 본문 18 ~ 19쪽

01 $\frac{1}{2}$ **02** ① **03** ② **04** ① **05** ⑤ **06** 40

07 72 **08** ② **09** ①

| 심화 유형 도전하기 | 본문 20 ~ 21쪽

01 ① **02** ④ **03** 13 **04** ③ **05** ④ **06** 8

02 도함수의 활용 (1)

| 개념 & 대표 유형 짚어보기 | 본문 22 ~ 23쪽

01 ② **02** ① **03** ⑤ **04** ④ **05** ④ **06** ④

07 ② **08** ③ **09** ④

| 심화 유형 도전하기 | 본문 24 ~ 26쪽

01 ④ **02** 30 **03** ② **04** 484 **05** ③ **06** ②

07 ③ **08** ⑤ **09** ⑤

03 도함수의 활용 (2)

| 개념 & 대표 유형 짚어보기 |　　　　　　　　　본문 27 ~ 28쪽

01 ⑤　**02** ①　**03** 3　**04** ②　**05** ③　**06** ③
07 ③

| 심화 유형 도전하기 |　　　　　　　　　본문 29 ~ 31쪽

01 ②　**02** 3　**03** 24　**04** ①　**05** ④　**06** ④
07 ②　**08** 28　**09** ⑤

04 도함수의 활용 (3)

| 개념 & 대표 유형 짚어보기 |　　　　　　　　　본문 32 ~ 33쪽

01 ①　**02** ③　**03** ①　**04** 7　**05** ③　**06** ③
07 71

| 심화 유형 도전하기 |　　　　　　　　　본문 34 ~ 35쪽

01 21　**02** 19　**03** ③　**04** ⑤　**05** 30　**06** ③

III 적분

01 부정적분과 정적분

| 개념 & 대표 유형 짚어보기 |　　　　　　　　　본문 38 ~ 40쪽

01 23　**02** −4　**03** 4　**04** ②　**05** ④　**06** 8
07 ②　**08** 17　**09** ③　**10** ③　**11** 16　**12** ⑤

| 심화 유형 도전하기 |　　　　　　　　　본문 41 ~ 43쪽

01 ③　**02** ②　**03** ④　**04** 17　**05** ⑤　**06** ⑤
07 54　**08** 20　**09** 43

02 정적분의 활용

| 개념 & 대표 유형 짚어보기 |　　　　　　　　　본문 44 ~ 45쪽

01 ③　**02** ③　**03** 18　**04** ②　**05** ②　**06** 78
07 ③

| 심화 유형 도전하기 |　　　　　　　　　본문 46 ~ 47쪽

01 20　**02** ①　**03** ②　**04** 10　**05** ①　**06** 1

Ⅰ. 함수의 극한과 연속

01 함수의 극한

본문 08 ~ 09쪽

개념 & 대표 유형 짚어보기

01 ③ **02** 2 **03** $\dfrac{1}{2}$ **04** ④ **05** ④ **06** 14

07 11 **08** ⑤ **09** 2

01

함수 $y=|x^2-1|$의 그래프와 직선 $y=t$는 다음 그림과 같다.

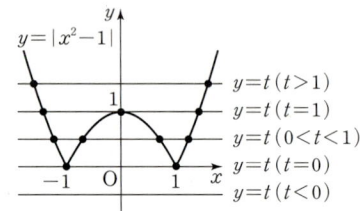

이때, $f(t)$는 함수 $y=|x^2-1|$의 그래프와 직선 $y=t$가 만나는 점의 개수이므로

$$f(t)=\begin{cases} 0\ (t<0) \\ 2\ (t=0) \\ 4\ (0<t<1) \\ 3\ (t=1) \\ 2\ (t>1) \end{cases}$$

$$\therefore \lim_{t\to 1-}f(t)+f(1)+\lim_{t\to 1+}f(t)$$
$$=4+3+2=9$$

답 ③

02

$\displaystyle\lim_{x\to 1}\dfrac{f(x)}{x^2-x}=3$에서

$$\lim_{x\to 1}\frac{f(x)}{x^2-x}=\lim_{x\to 1}\left\{\frac{f(x)}{x-1}\times\frac{1}{x}\right\}=3$$

$$\therefore \lim_{x\to 1}\frac{f(x)}{x-1}=3 \qquad\cdots\cdots\,\text{㉠}$$

㉠에서 극한값이 존재하고, $x\to 1$일 때 (분모)$\to 0$이므로 (분자)$\to 0$이어야 한다.

$$\therefore \lim_{x\to 1}f(x)=0$$

$f(x)=t$로 놓으면 $x\to 1$일 때 $t\to 0$이므로

$$\lim_{x\to 1}\frac{f(f(x))}{x^3-1}$$
$$=\lim_{x\to 1}\frac{f(f(x))}{(x-1)(x^2+x+1)}$$
$$=\lim_{x\to 1}\left\{\frac{f(f(x))}{f(x)}\times\frac{f(x)}{x-1}\times\frac{1}{x^2+x+1}\right\}$$
$$=\lim_{x\to 1}\frac{f(f(x))}{f(x)}\times\lim_{x\to 1}\frac{f(x)}{x-1}\times\lim_{x\to 1}\frac{1}{x^2+x+1}$$
$$=\lim_{t\to 0}\frac{f(t)}{t}\times\lim_{x\to 1}\frac{f(x)}{x-1}\times\lim_{x\to 1}\frac{1}{x^2+x+1}$$
$$=2\times 3\times\frac{1}{3}=2$$

답 2

03

$x>1$에서 $x-1>0$이므로 주어진 부등식의 각 변을 $x-1$로 나누면

$$\frac{x^2-1}{(x-1)(2x+1)}<\frac{f(x)}{x-1}<\frac{x^3+x^2-x-1}{(x-1)(2x^2+1)}$$

이때,

$$\lim_{x\to\infty}\frac{x^2-1}{(x-1)(2x+1)}=\lim_{x\to\infty}\frac{(x+1)(x-1)}{(x-1)(2x+1)}$$
$$=\lim_{x\to\infty}\frac{x+1}{2x+1}$$
$$=\frac{1}{2}$$

$$\lim_{x\to\infty}\frac{x^3+x^2-x-1}{(x-1)(2x^2+1)}=\lim_{x\to\infty}\frac{(x-1)(x+1)^2}{(x-1)(2x^2+1)}$$
$$=\lim_{x\to\infty}\frac{(x+1)^2}{2x^2+1}$$
$$=\frac{1}{2}$$

이므로 함수의 극한의 대소 관계에 의하여

$$\lim_{x\to\infty}\frac{f(x)}{x-1}=\frac{1}{2}$$

답 $\dfrac{1}{2}$

04

ㄱ. $g(x)=t$로 놓으면 $x\to -1+$일 때 $t=2$, $x\to -1-$일 때 $t=1$이므로

$$\lim_{x\to -1+}f(g(x))=f(2)=2,$$
$$\lim_{x\to -1-}f(g(x))=f(1)=2$$
$$\therefore \lim_{x\to -1}f(g(x))=2\ (참)$$

ㄴ. $g(x)=t$로 놓으면 $x\to 0+$일 때 $t\to 1+$, $x\to 0-$일 때 $t=2$이므로

$$\lim_{x\to 0+}f(g(x))=\lim_{t\to 1+}f(t)=1,$$
$$\lim_{x\to 0-}f(g(x))=f(2)=2$$

즉, 우극한과 좌극한이 다르므로 극한값은 존재하지 않는다.

(거짓)

ㄷ. $f(x)=t$로 놓으면 $x\to 1+$일 때 $t\to 1+$, $x\to 1-$일 때 $t\to 0+$이므로

$$\lim_{x\to 1+}g(f(x))=\lim_{t\to 1+}g(t)=1,$$
$$\lim_{x\to 1-}g(f(x))=\lim_{t\to 0+}g(t)=1$$
$$\therefore \lim_{x\to 1}g(f(x))=1\ (참)$$

따라서 옳은 것은 ㄱ, ㄷ이다.

답 ④

05

$\displaystyle\lim_{x\to 0}\dfrac{f(x)}{x}=2$에서 극한값이 존재하고, $x\to 0$일 때 (분모)$\to 0$이므로 (분자)$\to 0$이어야 한다.

즉, $\displaystyle\lim_{x\to 0}f(x)=0$이므로 $f(0)=0$ $\qquad\cdots\cdots\,\text{㉠}$

$\displaystyle\lim_{x\to-1}\dfrac{f(x)}{x+1}=-1$에서 극한값이 존재하고, $x\to-1$일 때
(분모)$\to0$이므로 (분자)$\to0$이어야 한다.

즉, $\displaystyle\lim_{x\to-1}f(x)=0$이므로 $f(-1)=0$ ...... ㉡

㉠, ㉡에 의하여 다항식 $f(x)$는 x, $x+1$을 인수로 갖는다.

$f(x)=x(x+1)Q(x)$라 하면

$\displaystyle\lim_{x\to0}\dfrac{f(x)}{x}=2$이므로 $Q(0)=2$

$\displaystyle\lim_{x\to-1}\dfrac{f(x)}{x+1}=-1$이므로 $-Q(-1)=-1$ $\therefore Q(-1)=1$

$\displaystyle\lim_{x\to\infty}\dfrac{f(x)}{x^4+2x+1}=3$에서 $f(x)$는 최고차항의 계수가 3인 사차함수이므로

$Q(x)=3x^2+ax+b$ (a, b는 상수)라 하면

$Q(0)=2$에서 $b=2$ ...... ㉢

$Q(-1)=1$에서 $3-a+b=1$ ...... ㉣

㉢을 ㉣에 대입하면 $a=4$

따라서 $Q(x)=3x^2+4x+2$이므로

$f(x)=x(x+1)(3x^2+4x+2)$

$\therefore \displaystyle\lim_{x\to1}f(x)=\lim_{x\to1}x(x+1)(3x^2+4x+2)$
$\qquad\qquad=1\times2\times(3+4+2)=18$ **답 ④**

06

$\displaystyle\lim_{x\to0}\dfrac{f(x)}{x(x-1)}=3$에서 극한값이 존재하고, $x\to0$일 때
(분모)$\to0$이므로 (분자)$\to0$이어야 한다.

즉, $\displaystyle\lim_{x\to0}f(x)=0$이므로 $f(0)=0$ ...... ㉠

$\displaystyle\lim_{x\to1}\dfrac{f(x)-1}{x(x-1)}=6$에서 극한값이 존재하고, $x\to1$일 때
(분모)$\to0$이므로 (분자)$\to0$이어야 한다.

즉, $\displaystyle\lim_{x\to1}\{f(x)-1\}=0$이므로 $f(1)-1=0$

$\therefore f(1)=1$ ...... ㉡

㉠, ㉡에 의하여

$f(x)-x=x(x-1)(ax+b)$ (a, b는 상수)라 할 수 있으므로

$f(x)=x(x-1)(ax+b)+x$를 주어진 식에 각각 대입하면

$\displaystyle\lim_{x\to0}\dfrac{f(x)}{x(x-1)}=\lim_{x\to0}\dfrac{x(x-1)(ax+b)+x}{x(x-1)}$
$\qquad\qquad=\lim_{x\to0}\dfrac{(x-1)(ax+b)+1}{x-1}$
$\qquad\qquad=\dfrac{-b+1}{-1}=3$

$\therefore b=4$ ...... ㉢

$\displaystyle\lim_{x\to1}\dfrac{f(x)-1}{x(x-1)}=\lim_{x\to1}\dfrac{x(x-1)(ax+b)+x-1}{x(x-1)}$
$\qquad\qquad=\lim_{x\to1}\dfrac{x(ax+b)+1}{x}$
$\qquad\qquad=a+b+1=6$

$\therefore a+b=5$ ...... ㉣

㉢을 ㉣에 대입하면 $a=1$

따라서 $f(x)=x(x-1)(x+4)+x$이므로

$f(2)=2\times(2-1)\times(2+4)+2=14$ **답 14**

07

조건 ㈏에서 $\displaystyle\lim_{x\to\infty}\dfrac{f(x)}{x^2}=1$이므로 $f(x)$는 최고차항의 계수가 1인 이차함수이고, 조건 ㈎에서 함수 $y=f(x)$의 그래프는 y축에 대하여 대칭이므로 $f(x)$의 홀수차항의 계수는 0이다.

따라서 $f(x)=x^2+a$ (a는 상수)라 할 수 있다.

방정식 $f(x)=2x+1$, 즉 이차방정식 $x^2-2x+a-1=0$이 단 하나의 실근을 가지므로 판별식을 D라 하면

$\dfrac{D}{4}=(-1)^2-(a-1)=2-a=0$ $\therefore a=2$

따라서 $f(x)=x^2+2$이므로

$f(3)=3^2+2=11$ **답 11**

08

점 $P(t, \sqrt{t})$에 대하여 $\overline{OP}=\sqrt{t^2+t}$

$\overline{OP}=\overline{OQ}$이므로 점 Q의 좌표는 $(0, \sqrt{t^2+t})$

직선 PQ의 방정식은

$y-\sqrt{t^2+t}=\dfrac{\sqrt{t}-\sqrt{t^2+t}}{t}x$

따라서 점 R의 x좌표는 $-\dfrac{t\sqrt{t^2+t}}{\sqrt{t}-\sqrt{t^2+t}}$이므로

$\overline{OR}=\dfrac{t\sqrt{t^2+t}}{\sqrt{t^2+t}-\sqrt{t}}$

$\therefore \displaystyle\lim_{t\to0+}\overline{OR}=\lim_{t\to0+}\dfrac{t\sqrt{t^2+t}}{\sqrt{t^2+t}-\sqrt{t}}$
$\qquad=\lim_{t\to0+}\dfrac{t\sqrt{t^2+t}(\sqrt{t^2+t}+\sqrt{t})}{(t^2+t)-t}$
$\qquad=\lim_{t\to0+}\dfrac{\sqrt{t^2+t}(\sqrt{t^2+t}+\sqrt{t})}{t}$
$\qquad=\lim_{t\to0+}\left(\dfrac{\sqrt{t^2+t}}{\sqrt{t}}\times\dfrac{\sqrt{t^2+t}+\sqrt{t}}{\sqrt{t}}\right)$
$\qquad=\lim_{t\to0+}\sqrt{t+1}\,(\sqrt{t+1}+1)$
$\qquad=1\times(1+1)=2$ **답 ⑤**

09

점 $C(0, 1)$이고, 점 $P(a, 1-a^2)$ $(0<a<1)$에 대하여 직선 CP의 방정식은

$y=\dfrac{1-a^2-1}{a-0}x+1$ $\therefore y=-ax+1$

따라서 점 Q의 좌표는 $\left(\dfrac{1}{a}, 0\right)$

또한 점 $A(-1, 0)$이므로 직선 AP의 방정식은

$y=\dfrac{1-a^2-0}{a+1}(x+1)$ $\therefore y=(1-a)(x+1)$

$x=\dfrac{1}{a}$일 때, $y=(1-a)\left(\dfrac{1}{a}+1\right)=\dfrac{1-a^2}{a}$이므로 점 R의 좌표는 $\left(\dfrac{1}{a}, \dfrac{1-a^2}{a}\right)$

한편, 점 $B(1, 0)$이므로 $\overline{BQ}=\dfrac{1}{a}-1$

또한 $\overline{QR}=\dfrac{1-a^2}{a}$이므로

$$\lim_{a\to 1-}\dfrac{\overline{QR}}{\overline{BQ}}=\lim_{a\to 1-}\dfrac{\dfrac{1-a^2}{a}}{\dfrac{1}{a}-1}$$

$$=\lim_{a\to 1-}\dfrac{1-a^2}{1-a}$$

$$=\lim_{a\to 1-}\dfrac{(1-a)(1+a)}{1-a}$$

$$=\lim_{a\to 1-}(1+a)=2$$

답 ②

심화 유형 도전하기

본문 10 ~ 11쪽

01 ② **02** ④ **03** 28 **04** ④ **05** ③ **06** 320

01

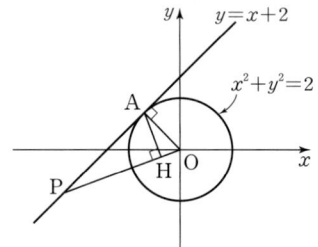

$x^2+y^2=2$에 $y=x+2$를 대입하면
$x^2+(x+2)^2=2$, $2x^2+4x+2=0$
$(x+1)^2=0$ $\therefore x=-1$
따라서 점 A의 좌표는 $(-1, 1)$이다.
$\overline{AP}=\sqrt{(t+1)^2+(t+1)^2}=-\sqrt{2}(t+1)$ $(\because t<-1)$
삼각형 OAP의 넓이는

$\dfrac{1}{2}\times\overline{OA}\times\overline{AP}=\dfrac{1}{2}\times\sqrt{2}\times\{-\sqrt{2}(t+1)\}=-(t+1)$

한편, $\overline{OP}=\sqrt{t^2+(t+2)^2}=\sqrt{2t^2+4t+4}$
이때, 삼각형 OAP와 삼각형 AHP는 닮음이고 닮음비는
$\overline{OP}:\overline{AP}=\sqrt{2t^2+4t+4}:\{-\sqrt{2}(t+1)\}$
이므로 삼각형 OAP와 삼각형 AHP의 넓이의 비는
$(2t^2+4t+4):2(t+1)^2$

$$\therefore S(t)=-(t+1)\times\dfrac{2(t+1)^2}{2t^2+4t+4}$$

$$=\dfrac{-2(t+1)^3}{2t^2+4t+4}$$

$$\therefore \lim_{t\to -1-}\dfrac{S(t)}{(t+1)^3}=\lim_{t\to -1-}\dfrac{-2(t+1)^3}{(t+1)^3(2t^2+4t+4)}$$

$$=\lim_{t\to -1-}\dfrac{-2}{2t^2+4t+4}$$

$$=\dfrac{-2}{2}=-1$$

답 ②

02

조건 (나)에서 $n=1$일 때 $\lim\limits_{x\to 1}\dfrac{f(x)}{g(x)}=0$이고, $g(1)=0$이므로
$\lim\limits_{x\to 1}f(x)=f(1)=0$이어야 한다.
따라서 $f(x)=(x-1)p(x)$, $g(x)=(x-1)q(x)$ ······ ㉠
$\qquad$ ($p(x)$, $q(x)$는 최고차항의 계수가 1인 이차함수)
로 놓을 수 있다.

$$\lim_{x\to 1}\dfrac{f(x)}{g(x)}=\lim_{x\to 1}\dfrac{(x-1)p(x)}{(x-1)q(x)}=\lim_{x\to 1}\dfrac{p(x)}{q(x)}=0$$

에서

$$p(1)=\lim_{x\to 1}p(x)=\lim_{x\to 1}\left\{\dfrac{p(x)}{q(x)}\times q(x)\right\}=0\times q(1)=0 \quad ······ ㉡$$

또한 조건 (나)에서 $n=2$일 때, $\lim\limits_{x\to 2}\dfrac{f(x)}{g(x)}=0$이므로

$$f(2)=\lim_{x\to 2}f(x)=\lim_{x\to 2}\left\{\dfrac{f(x)}{g(x)}\times g(x)\right\}=0\times g(2)=0 \quad ······ ㉢$$

㉠, ㉡, ㉢에서 최고차항의 계수가 1인 삼차함수 $f(x)$는
$f(x)=(x-1)^2(x-2)$
조건 (나)에서 $n=3$일 때, $\lim\limits_{x\to 3}\dfrac{f(x)}{g(x)}=2$이므로

$$\lim_{x\to 3}\dfrac{(x-1)^2(x-2)}{(x-1)q(x)}=\dfrac{2}{q(3)}=2$$에서 $q(3)=1$

$q(x)=x^2+ax+b$ (a, b는 상수)라 하면
$q(3)=9+3a+b=1$ $\therefore 3a+b=-8$ ······ ㉣
조건 (가)에서

$$\lim_{x\to\infty}\dfrac{f(x)-g(x)}{x^2}$$

$$=\lim_{x\to\infty}\dfrac{(x-1)^2(x-2)-(x-1)(x^2+ax+b)}{x^2}$$

$$=\lim_{x\to\infty}\dfrac{(x-1)\{-(3+a)x+(2-b)\}}{x^2}$$

$$=-(3+a)=4$$

이므로 $a=-7$ ······ ㉤
㉤을 ㉣에 대입하면 $b=13$
$\therefore g(x)=(x-1)(x^2-7x+13)$
$\therefore (f\circ g)(2)=f(g(2))=f(3)=4$

답 ④

03

삼차함수 $f(x)$의 삼차항의 계수를 a라 하면

$$\lim_{x\to\infty}\dfrac{f(x)-(x-1)(x^2-1)}{f(x)+(x-1)(x^2-1)}=\dfrac{a-1}{a+1}=\dfrac{1}{3}$$

에서 $3a-3=a+1$ $\therefore a=2$
한편, $f(1)\ne 0$이면

$$\lim_{x\to 1}\dfrac{f(x)-(x-1)(x^2-1)}{f(x)+(x-1)(x^2-1)}=\dfrac{f(1)}{f(1)}=1\ne\dfrac{1}{5}$$

이므로 $f(1)=0$이다.
따라서
$f(x)=(x-1)g(x)$ ($g(x)$는 최고차항의 계수가 2인 이차함수)
로 놓을 수 있다.
이때,

$$\lim_{x\to 1}\frac{f(x)-(x-1)(x^2-1)}{f(x)+(x-1)(x^2-1)}$$
$$=\lim_{x\to 1}\frac{(x-1)g(x)-(x-1)(x^2-1)}{(x-1)g(x)+(x-1)(x^2-1)}$$
$$=\lim_{x\to 1}\frac{g(x)-(x^2-1)}{g(x)+(x^2-1)}=\frac{1}{5}$$

에서 $g(1)\neq 0$이면
$$\lim_{x\to 1}\frac{g(x)-(x^2-1)}{g(x)+(x^2-1)}=\frac{g(1)}{g(1)}=1\neq\frac{1}{5}$$
이므로 $g(1)=0$이다.

따라서 $g(x)=(x-1)(2x-b)$ (b는 상수)로 놓을 수 있다.

이때,
$$\lim_{x\to 1}\frac{g(x)-(x^2-1)}{g(x)+(x^2-1)}$$
$$=\lim_{x\to 1}\frac{(x-1)(2x-b)-(x-1)(x+1)}{(x-1)(2x-b)+(x-1)(x+1)}$$
$$=\lim_{x\to 1}\frac{(2x-b)-(x+1)}{(2x-b)+(x+1)}$$
$$=\frac{-b}{4-b}=\frac{1}{5}$$

에서 $-5b=4-b$, $b=-1$

따라서 $g(x)=(x-1)(2x+1)$이므로
$$f(x)=(x-1)^2(2x+1)$$
$$\therefore f(3)=2^2\times 7=28$$

답 28

04

$x\geq a$일 때
$$f(x)=\frac{a}{2}\{(x-a)+(x-a)\}+\frac{1}{a}\{(x-a)-(x-a)\}$$
$$=a(x-a) \qquad\cdots\cdots ㉠$$

$x<a$일 때
$$f(x)=\frac{a}{2}\{(x-a)-(x-a)\}+\frac{1}{a}\{(x-a)+(x-a)\}$$
$$=\frac{2}{a}(x-a) \qquad\cdots\cdots ㉡$$

(i) $h\to 0+$일 때
㉠에서 $f(a+h)=a(a+h-a)=ah$,
㉡에서 $f(a-h)=\frac{2}{a}(a-h-a)=-\frac{2h}{a}$
이므로
$$\lim_{h\to 0+}\frac{f(a+h)-f(a-h)}{h}=\lim_{h\to 0+}\frac{ah+\frac{2h}{a}}{h}=a+\frac{2}{a}$$

(ii) $h\to 0-$일 때
㉡에서 $f(a+h)=\frac{2}{a}(a+h-a)=\frac{2h}{a}$,
㉠에서 $f(a-h)=a(a-h-a)=-ah$
이므로
$$\lim_{h\to 0-}\frac{f(a+h)-f(a-h)}{h}=\lim_{h\to 0-}\frac{\frac{2h}{a}+ah}{h}=\frac{2}{a}+a$$

(i), (ii)에서
$$g(a)=\left(a+\frac{2}{a}\right)+\left(\frac{2}{a}+a\right)=2\left(a+\frac{2}{a}\right)$$

a는 양의 실수이므로 산술평균과 기하평균의 관계에 의하여
$$a+\frac{2}{a}\geq 2\sqrt{a\times\frac{2}{a}}=2\sqrt{2}$$
$$\left(단,\ 등호는\ a=\frac{2}{a},\ 즉\ a=\sqrt{2}일\ 때\ 성립\right)$$
따라서 함수 $g(a)$의 최솟값은
$$2\times 2\sqrt{2}=4\sqrt{2}$$

답 ④

05

$t\{f(x)-4\}=x\{f(t)-4\}$에서
$$f(x)=\frac{f(t)-4}{t}x+4 \qquad\cdots\cdots ㉠$$

㉠에서 $\dfrac{f(t)-4}{t}=\dfrac{f(t)-4}{t-0}$는 두 점 $(0,\ 4)$, $(t,\ f(t))$를 지나는 직선의 기울기이고, $y=\dfrac{f(t)-4}{t}x+4$는 두 점 $(0,\ 4)$, $(t,\ f(t))$를 지나는 직선의 방정식이다.

따라서 ㉠을 만족시키는 양수 x의 개수 $g(t)$는 $x>0$에서 함수 $y=f(x)$의 그래프와 두 점 $(0,\ 4)$, $(t,\ f(t))$를 지나는 직선이 만나는 점의 개수와 같다.

한편, $f(x)=\begin{cases}-(x+1)(x-3) & (0<x\leq 3)\\ x-3 & (x>3)\end{cases}$에서
$f(1)=4$, $f(7)=4$, $f(3)=0$

두 점 $(0,\ 4)$, $(3,\ f(3))$을 지나는 직선의 방정식은
$$y=\frac{f(3)-4}{3-0}x+4 \qquad\therefore y=-\frac{4}{3}x+4$$

직선 $y=-\dfrac{4}{3}x+4$와 곡선 $y=-(x+1)(x-3)$의 교점의 x좌표는 $-x^2+2x+3=-\dfrac{4}{3}x+4$에서
$$3x^2-10x+3=0,\ (3x-1)(x-3)=0$$
$$\therefore x=\frac{1}{3}\ 또는\ x=3$$

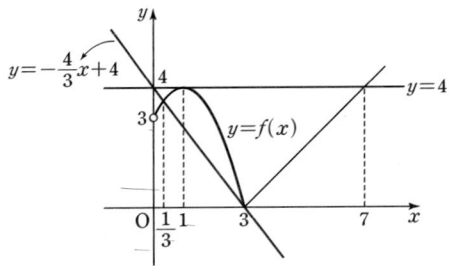

[그림 1]

[그림 1]에서 t의 값의 범위에 따라 함수 $g(t)$의 값을 조사하면 다음과 같다.

$0<t<\dfrac{1}{3}$일 때, $g(t)=1$

$\dfrac{1}{3}<t<7$ $(t\neq 1,\ t\neq 3)$일 때, $g(t)=3$

$t>7$일 때, $g(t)=1$

$t=\dfrac{1}{3}$, $t=1$, $t=3$, $t=7$일 때 $g(t)=2$

따라서 $y=g(t)$ $(t>0)$의 그래프는 [그림 2]와 같다.

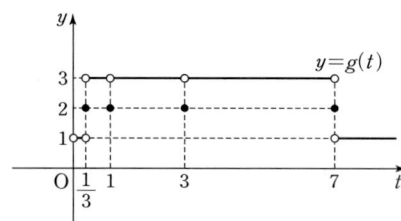

[그림 2]

$\displaystyle\lim_{t\to\frac{1}{3}+}g(t)=3$, $\displaystyle\lim_{t\to\frac{1}{3}-}g(t)=1$이므로

$\displaystyle\lim_{t\to\frac{1}{3}+}g(t)\neq\lim_{t\to\frac{1}{3}-}g(t)$

$\displaystyle\lim_{t\to7+}g(t)=1$, $\displaystyle\lim_{t\to7-}g(t)=3$이므로

$\displaystyle\lim_{t\to7+}g(t)\neq\lim_{t\to7-}g(t)$

이고, $a\neq\dfrac{1}{3}$, $a\neq7$일 때 $\displaystyle\lim_{t\to a+}g(t)=\lim_{t\to a-}g(t)$이므로 구하는 모든 양수 a의 값의 합은

$\dfrac{1}{3}+7=\dfrac{22}{3}$

답 ③

06

$h(x)$가 이차식이고 $\displaystyle\lim_{x\to\infty}\dfrac{f(x)}{h(x)}=\dfrac{5}{4}$이므로 $f(x)$는 이차식이다.

$\{f(x)\}^2-\{g(x)\}^2=\{h(x)\}^2$에서

$\{f(x)+g(x)\}\{f(x)-g(x)\}=(2x^2-6x+4)^2$
$\qquad\qquad\qquad\qquad\qquad=\{2(x^2-3x+2)\}^2$
$\qquad\qquad\qquad\qquad\qquad=\{2(x-1)(x-2)\}^2$

$f(x)+g(x)=a(x-1)(x-2)$,
$f(x)-g(x)=b(x-1)(x-2)$ $(ab=4)$로 놓으면

$f(x)=\dfrac{a+b}{2}(x-1)(x-2)$, $g(x)=\dfrac{a-b}{2}(x-1)(x-2)$이므로 $f(x)=kg(x)$

문제의 조건에서 $f(x)\neq kg(x)$이므로

$f(x)+g(x)=a(x-1)^2$, $f(x)-g(x)=b(x-2)^2$ $(ab=4)$
또는
$f(x)+g(x)=a(x-2)^2$, $f(x)-g(x)=b(x-1)^2$ $(ab=4)$
로 놓을 수 있다.

$\therefore f(x)=\dfrac{a(x-1)^2+b(x-2)^2}{2}$,
$\quad g(x)=\dfrac{a(x-1)^2-b(x-2)^2}{2}$ $(ab=4)$

또는 $f(x)=\dfrac{a(x-2)^2+b(x-1)^2}{2}$,
$\quad g(x)=\dfrac{a(x-2)^2-b(x-1)^2}{2}$ $(ab=4)$

한편, $\displaystyle\lim_{x\to\infty}\dfrac{f(x)}{h(x)}=\dfrac{5}{4}$이므로 $f(x)$의 이차항의 계수는 $\dfrac{5}{2}$이다.

$\therefore a+b=5$

$ab=4$, $a+b=5$를 연립하여 풀면

$a=1$, $b=4$ 또는 $a=4$, $b=1$

(i) $f(x)=\dfrac{a(x-1)^2+b(x-2)^2}{2}$,
$\quad g(x)=\dfrac{a(x-1)^2-b(x-2)^2}{2}$인 경우

㉠ $a=1$, $b=4$일 때

$f(x)=\dfrac{(x-1)^2+4(x-2)^2}{2}$이므로 $f(4)=\dfrac{9+16}{2}=\dfrac{25}{2}$

$g(x)=\dfrac{(x-1)^2-4(x-2)^2}{2}$이므로 $g(4)=\dfrac{9-16}{2}=-\dfrac{7}{2}$

따라서 $g(4)$가 양의 정수라는 조건을 만족시키지 않는다.

㉡ $a=4$, $b=1$일 때

$f(x)=\dfrac{4(x-1)^2+(x-2)^2}{2}$이므로 $f(4)=\dfrac{36+4}{2}=20$

$g(x)=\dfrac{4(x-1)^2-(x-2)^2}{2}$이므로 $g(4)=\dfrac{36-4}{2}=16$

㉠, ㉡에서 $f(4)=20$, $g(4)=16$

(ii) $f(x)=\dfrac{a(x-2)^2+b(x-1)^2}{2}$,
$\quad g(x)=\dfrac{a(x-2)^2-b(x-1)^2}{2}$인 경우

㉠ $a=1$, $b=4$일 때

$f(x)=\dfrac{(x-2)^2+4(x-1)^2}{2}$이므로 $f(4)=\dfrac{4+36}{2}=20$

$g(x)=\dfrac{(x-2)^2-4(x-1)^2}{2}$이므로 $g(4)=\dfrac{4-36}{2}=-16$

따라서 $g(4)$가 양의 정수라는 조건을 만족시키지 않는다.

㉡ $a=4$, $b=1$일 때

$f(x)=\dfrac{4(x-2)^2+(x-1)^2}{2}$이므로 $f(4)=\dfrac{16+9}{2}=\dfrac{25}{2}$

$g(x)=\dfrac{4(x-2)^2-(x-1)^2}{2}$이므로 $g(4)=\dfrac{16-9}{2}=\dfrac{7}{2}$

따라서 $g(4)$가 양의 정수라는 조건을 만족시키지 않는다.

㉠, ㉡에서 조건을 만족시키는 경우는 없다.

(i), (ii)에서 $f(4)=20$, $g(4)=16$이므로

$f(4)g(4)=20\times16=320$

답 320

02 함수의 연속

개념 & 대표 유형 짚어보기 | 본문 12 ～ 13쪽

| **01** ⑤ | **02** ④ | **03** ① | **04** ⑤ | **05** ② | **06** 14 |
| **07** ④ | **08** ① | **09** ③ |

01

① $f(0)$이 정의되지 않으므로 함수 $f(x)$는 $x=0$에서 불연속이다.

② $\lim\limits_{x\to 0+} f(x)=\lim\limits_{x\to 0+}[x]=0$

$\lim\limits_{x\to 0-} f(x)=\lim\limits_{x\to 0-}[x]=-1$

에서 $\lim\limits_{x\to 0} f(x)$의 값이 존재하지 않으므로 함수 $f(x)$는 $x=0$에서 불연속이다.

③ $\lim\limits_{x\to 0+} f(x)=\lim\limits_{x\to 0+}\dfrac{[x+1]}{x+1}=1$

$\lim\limits_{x\to 0-} f(x)=\lim\limits_{x\to 0-}\dfrac{[x+1]}{x+1}=0$

에서 $\lim\limits_{x\to 0} f(x)$의 값이 존재하지 않으므로 함수 $f(x)$는 $x=0$에서 불연속이다.

④ $f(0)$이 정의되지 않으므로 함수 $f(x)$는 $x=0$에서 불연속이다.

⑤ $f(0)=\dfrac{[0-1]}{[0]^2+1}=\dfrac{-1}{1}=-1$이고,

$\lim\limits_{x\to 0+} f(x)=\lim\limits_{x\to 0+}\dfrac{[x-1]}{[x]^2+1}=\dfrac{-1}{0+1}=-1$

$\lim\limits_{x\to 0-} f(x)=\lim\limits_{x\to 0-}\dfrac{[x-1]}{[x]^2+1}=\dfrac{-2}{(-1)^2+1}=-1$

에서 $\lim\limits_{x\to 0} f(x)=-1$이므로

$\lim\limits_{x\to 0} f(x)=f(0)$

따라서 함수 $f(x)$는 $x=0$에서 연속이다. **답 ⑤**

02

두 함수 $f(x)$, $g(x)$가 실수 전체의 집합에서 연속이므로

$\lim\limits_{x\to 0+} f(x)=\lim\limits_{x\to 0-} f(x)=f(0)=\alpha$

$\lim\limits_{x\to 0+} g(x)=\lim\limits_{x\to 0-} g(x)=g(0)=\beta$

라 하자.

$x>0$일 때, $f(x)+g(x)=x^2+2x+3$이므로

$\lim\limits_{x\to 0+}\{f(x)+g(x)\}=\lim\limits_{x\to 0+} f(x)+\lim\limits_{x\to 0+} g(x)$

$\qquad\qquad\qquad =\alpha+\beta=3$ ······ ㉠

$x<0$일 때, $f(x)-g(x)=-x^2-x-1$이므로

$\lim\limits_{x\to 0-}\{f(x)-g(x)\}=\lim\limits_{x\to 0-} f(x)-\lim\limits_{x\to 0-} g(x)$

$\qquad\qquad\qquad =\alpha-\beta=-1$ ······ ㉡

㉠, ㉡을 연립하여 풀면

$\alpha=1$, $\beta=2$

$\therefore f(0)g(0)=\alpha\beta=2$ **답 ④**

03

ㄱ. 함수 $f(x)$가 $x=0$에서 연속이므로 $\lim\limits_{x\to 0} f(x)=f(0)$이다.

$x-a=t$로 놓으면 $x\to a$일 때 $t\to 0$이므로

$\lim\limits_{x\to a} f(x-a)=\lim\limits_{t\to 0} f(t)=f(0)$

따라서 $f(x-a)$는 $x=a$에서 연속이다. (참)

ㄴ. [반례] $f(x)=\begin{cases} 1 & (x\ge 0) \\ -1 & (x<0)\end{cases}$, $g(x)=\begin{cases} -1 & (x\ge 0) \\ 1 & (x<0)\end{cases}$

이면 $f(x)+g(x)=0$이므로 함수 $f(x)+g(x)$는 $x=0$에서 연속이다.

그러나 $f(x)-g(x)=\begin{cases} 2 & (x\ge 0) \\ -2 & (x<0)\end{cases}$이므로 $f(x)-g(x)$는 $x=0$에서 불연속이다. (거짓)

ㄷ. [반례] $f(x)=0$, $g(x)=\begin{cases} -1 & (x\ge 1) \\ 1 & (x<1)\end{cases}$이면

$f(x)g(x)=0$이므로 두 함수 $f(x)$, $f(x)g(x)$는 모두 $x=1$에서 연속이지만 $g(x)$는 $x=1$에서 불연속이다. (거짓)

따라서 옳은 것은 ㄱ뿐이다. **답 ①**

04

ㄱ. $\lim\limits_{x\to -1+} f(x)g(x)=(-1)\times 1=-1$

$\lim\limits_{x\to -1-} f(x)g(x)=(-1)\times(-1)=1$

$\therefore \lim\limits_{x\to -1+} f(x)g(x)\ne\lim\limits_{x\to -1-} f(x)g(x)$

즉, $\lim\limits_{x\to -1} f(x)g(x)$의 값은 존재하지 않는다. (거짓)

ㄴ. $\lim\limits_{x\to 1+} f(x)g(x)=1\times 1=1$

$\lim\limits_{x\to 1-} f(x)g(x)=(-1)\times(-1)=1$

$\therefore \lim\limits_{x\to 1} f(x)g(x)=1$ (참)

ㄷ. ㄱ에 의하여 함수 $f(x)g(x)$는 $x=-1$에서 불연속이다.

또한 $f(1)g(1)=1\times(-1)=-1$이고,

ㄴ에 의하여 $\lim\limits_{x\to 1} f(x)g(x)=1$이므로

$\lim\limits_{x\to 1} f(x)g(x)\ne f(1)g(1)$

즉, 함수 $f(x)g(x)$는 $x=1$에서 불연속이다.

그러므로 함수 $y=f(x)g(x)$의 불연속점은 $x=-1$, $x=1$의 2개이다. (참)

따라서 옳은 것은 ㄴ, ㄷ이다. **답 ⑤**

05

(i) $y=f(g_1(x))=f(x)=x-[x]$이므로

함수 $y=f(g_1(x))$의 그래프는 다음 그림과 같다.

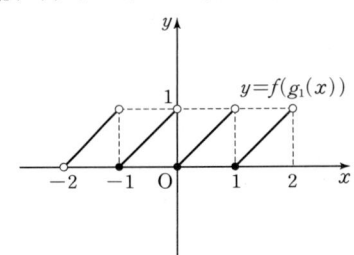

즉, $x=-1$, $x=0$, $x=1$에서 불연속이므로
$a_1=3$

(ii) $y=f(g_2(x))=f(x^2)=x^2-[x^2]$이므로
함수 $y=f(g_2(x))$의 그래프는 다음 그림과 같다.

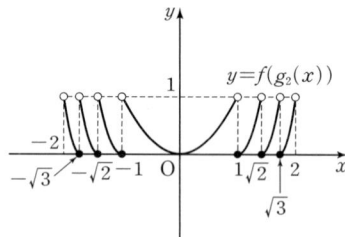

즉, $x=\pm 1$, $x=\pm\sqrt{2}$, $x=\pm\sqrt{3}$에서 불연속이므로
$a_2=6$

(i), (ii)에 의하여
$a_1+a_2=3+6=9$ **답 ②**

06

$f(x)=\begin{cases} ax+b & (0\le x<2) \\ x^2+x+1 & (2\le x\le 4) \end{cases}$

함수 $f(x)$가 $x=2$에서 연속이므로
$\lim\limits_{x\to 2+}f(x)=\lim\limits_{x\to 2-}f(x)=f(2)$이다.

$\lim\limits_{x\to 2+}(x^2+x+1)=2^2+2+1=7$

$\lim\limits_{x\to 2-}(ax+b)=2a+b$

$f(2)=2^2+2+1=7$

에서
$2a+b=7$ ...... ㉠

또한 $f(x)=f(x+4)$이므로 $f(0)=f(4)$에서
$b=4^2+4+1$ $\therefore b=21$

㉠에 $b=21$을 대입하면 $2a+21=7$
$\therefore a=-7$

따라서 $f(x)=\begin{cases} -7x+21 & (0\le x<2) \\ x^2+x+1 & (2\le x\le 4) \end{cases}$이므로

$f(13)=f(4\times 3+1)=f(1)$
$=-7\times 1+21=14$ **답 14**

07

$(x^2-1)f(x)=x^4+ax+b$에서
$x=1$일 때, $0=1+a+b$ $\therefore a+b=-1$ ...... ㉠
$x=-1$일 때, $0=1-a+b$ $\therefore a-b=1$ ...... ㉡
㉠, ㉡을 연립하여 풀면
$a=0$, $b=-1$
따라서 $(x^2-1)f(x)=x^4-1$이므로
$x\ne -1$, $x\ne 1$일 때, $f(x)=x^2+1$이다.
주어진 조건에서 함수 $f(x)$가 실수 전체의 집합에서 연속이므로
$x=-1$, $x=1$에서 연속이어야 한다.

$x=-1$에서 연속이려면 $\lim\limits_{x\to -1}f(x)=f(-1)$이어야 하므로
$f(-1)=\lim\limits_{x\to -1}f(x)=\lim\limits_{x\to -1}(x^2+1)=2$
$x=1$에서 연속이려면 $\lim\limits_{x\to 1}f(x)=f(1)$이어야 하므로
$f(1)=\lim\limits_{x\to 1}f(x)=\lim\limits_{x\to 1}(x^2+1)=2$
$\therefore f(-1)+f(1)=2+2=4$ **답 ④**

08

함수 $f(x)g(x)$가 실수 전체의 집합에서 연속이려면 $x=a$에서
연속이면 되므로
$\lim\limits_{x\to a+}f(x)g(x)=\lim\limits_{x\to a+}x^2(x+a+2)$
$=a^2(2a+2)$
$\lim\limits_{x\to a-}f(x)g(x)=\lim\limits_{x\to a-}(6x-9)(x+a+2)$
$=(6a-9)(2a+2)$
$f(a)g(a)=(6a-9)(2a+2)$
에서
$a^2(2a+2)=(6a-9)(2a+2)$, $(a^2-6a+9)(2a+2)=0$
$(a-3)^2(2a+2)=0$
$\therefore a=-1$ 또는 $a=3$
따라서 모든 실수 a의 값의 곱은
$-1\times 3=-3$ **답 ①**

09

$h(x)=f(x-2)+2$라 하면
$h(-1)=f(-3)+2=-1<0$, $h(0)=f(-2)+2=5>0$
$h(1)=f(-1)+2=1>0$, $h(2)=f(0)+2=-2<0$
$h(3)=f(1)+2=1>0$, $h(4)=f(2)+2=4>0$
$h(5)=f(3)+2=5>0$
사잇값의 정리에 의하여 방정식 $h(x)=0$은 열린구간 $(-1, 0)$,
$(1, 2)$, $(2, 3)$에서 각각 적어도 하나의 실근을 갖는다.
따라서 구하는 실근의 개수의 최솟값은 3이다.   **답 ③**

심화 유형 도전하기   본문 14 ~ 15쪽

01 ④   **02** ③   **03** ③   **04** ④   **05** ②   **06** ④

01

함수 $f(x)$가 모든 실수 x에서 연속이려면 $x=0$에서 연속이어야
한다.
따라서 $\lim\limits_{x\to 0}\dfrac{|x-a|-b}{x}=c$를 만족시키는 세 상수 a, b, c가 존재
해야 한다.

$\lim\limits_{x\to 0}\dfrac{|x-a|-b}{x}=c$에서 극한값이 존재하고, $x\to 0$일 때 (분모)$\to 0$이므로 (분자)$\to 0$이어야 한다.

즉, $\lim\limits_{x\to 0}(|x-a|-b)=|-a|-b=0$이므로

$b=|-a|=|a|$ ...... ㉠

$\therefore \lim\limits_{x\to 0}\dfrac{|x-a|-b}{x}=\lim\limits_{x\to 0}\dfrac{|x-a|-|a|}{x}$

$=\lim\limits_{x\to 0}\dfrac{|x-a|^2-|a|^2}{x(|x-a|+|a|)}$

$=\lim\limits_{x\to 0}\dfrac{x^2-2ax}{x(|x-a|+|a|)}$

$=\lim\limits_{x\to 0}\dfrac{x-2a}{|x-a|+|a|}$ ...... ㉡

ㄱ. $a=0$이면 ㉠에서 $b=0$이므로

$\lim\limits_{x\to 0}\dfrac{|x-a|-b}{x}=\lim\limits_{x\to 0}\dfrac{|x-0|-0}{x}=\lim\limits_{x\to 0}\dfrac{|x|}{x}$

이때,

$\lim\limits_{x\to 0+}\dfrac{|x|}{x}=\lim\limits_{x\to 0+}\dfrac{x}{x}=1$,

$\lim\limits_{x\to 0-}\dfrac{|x|}{x}=\lim\limits_{x\to 0-}\dfrac{-x}{x}=-1$

이므로 $\lim\limits_{x\to 0}\dfrac{|x|}{x}$의 값은 존재하지 않는다.

즉, 상수 c는 존재하지 않는다. (거짓)

ㄴ. ㉡에서 $a>0$이면

$\lim\limits_{x\to 0}\dfrac{x-2a}{-(x-a)+a}=\lim\limits_{x\to 0}\dfrac{x-2a}{-(x-2a)}=-1$

이므로 $c=-1$이다. (참)

ㄷ. ㉡에서 $a<0$이면

$\lim\limits_{x\to 0}\dfrac{x-2a}{(x-a)-a}=\lim\limits_{x\to 0}\dfrac{x-2a}{x-2a}=1$

이므로 $c=1$이다. (참)

따라서 옳은 것은 ㄴ, ㄷ이다. **답 ④**

02

함수 $f(x)$는 $x\neq 0$인 모든 실수 x에서 연속이고, 함수 $g(x)$는 $x\neq b$인 모든 실수 x에서 연속이므로 함수 $f(x)g(x)$가 실수 전체의 집합에서 연속이려면 $x=0$과 $x=b$ $(b>1)$에서 연속이어야 한다.

(i) 함수 $f(x)g(x)$가 $x=0$에서 연속이려면

$\lim\limits_{x\to 0+}f(x)g(x)=\lim\limits_{x\to 0-}f(x)g(x)=f(0)g(0)$

$\lim\limits_{x\to 0+}f(x)g(x)=\lim\limits_{x\to 0+}(x-4)(-x+a-1)\ (\because b>1)$

$=-4(a-1)$

$\lim\limits_{x\to 0-}f(x)g(x)=\lim\limits_{x\to 0-}(-x+2)(-x+a-1)\ (\because b>1)$

$=2(a-1)$

$f(0)g(0)=-4(a-1)$

에서

$-4(a-1)=2(a-1)$, $6(a-1)=0$ $\therefore a=1$

$\therefore g(x)=\begin{cases}-x & (x<b)\\ x-1 & (x\geq b)\end{cases}$

(ii) 함수 $f(x)g(x)$가 $x=b$에서 연속이려면

$\lim\limits_{x\to b+}f(x)g(x)=\lim\limits_{x\to b-}f(x)g(x)=f(b)g(b)$

$\lim\limits_{x\to b+}f(x)g(x)=\lim\limits_{x\to b+}(x-4)(x-1)\ (\because b>1)$

$=(b-4)(b-1)$

$\lim\limits_{x\to b-}f(x)g(x)=\lim\limits_{x\to b-}(x-4)(-x)\ (\because b>1)$

$=(b-4)(-b)$

$f(b)g(b)=(b-4)(b-1)$

에서

$(b-4)(b-1)=(b-4)(-b)$, $(b-4)(2b-1)=0$

$\therefore b=4\ (\because b>1)$

이때, $g(x)=\begin{cases}-x & (x<4)\\ x-1 & (x\geq 4)\end{cases}$이므로

$f(x)g(x)=\begin{cases}x(x-2) & (x<0)\\ -x(x-4) & (0\leq x<4)\\ (x-1)(x-4) & (x\geq 4)\end{cases}$

이고, 함수 $y=f(x)g(x)$의 그래프는 다음 그림과 같다.

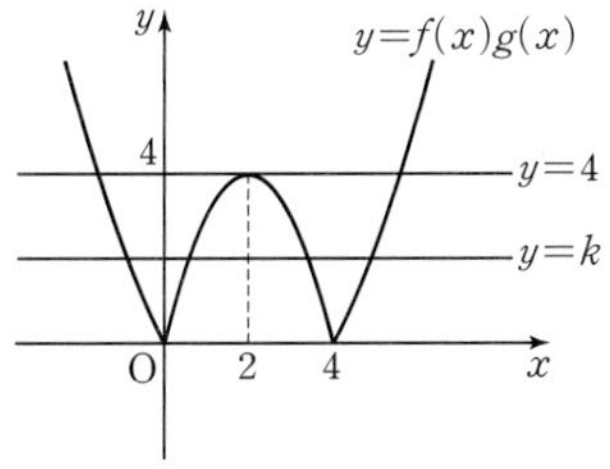

방정식 $f(x)g(x)=k$의 서로 다른 실근의 개수가 3 이상이 되려면 함수 $y=f(x)g(x)$의 그래프와 직선 $y=k$의 교점의 개수가 3 이상이 되어야 하므로 위의 그림에서 $0<k\leq 4$이다.

따라서 모든 정수 k의 값의 합은

$1+2+3+4=10$ **답 ③**

03

함수 $h(x)$가 $x=0$에서 연속이므로

$\lim\limits_{x\to 0+}h(x)=\lim\limits_{x\to 0-}h(x)=h(0)$

$\lim\limits_{x\to 0+}h(x)=\lim\limits_{x\to 0+}(x^2+x+a)^2$

$=a^2$

$\lim\limits_{x\to 0-}h(x)=\lim\limits_{x\to 0-}(x^2-3x+2+a)^2$

$=(2+a)^2$

$h(0)=a^2$

에서

$a^2=(2+a)^2$, $4+4a=0$ $\therefore a=-1$

조건 ㈏에서 $x<0$인 모든 실수 x에 대하여

$g(x)=h(x)=(x^2-3x+1)^2$

함수 $g(x)$가 $x=0$에서 연속이므로

$g(0)=\lim\limits_{x\to 0-}g(x)=\lim\limits_{x\to 0-}(x^2-3x+1)^2=1$

조건 ㈎에서 $x=0$일 때 $f(0)g(0)=0$에서

$g(0)=1$이므로 $f(0)=0$

최고차항의 계수가 1인 삼차함수 $f(x)$를

$f(x)=x(x^2+bx+c)$ (b, c는 상수)

라 하면 조건 ㈎에서 $x>0$인 모든 실수 x에 대하여

$$g(x)=\frac{x(x+4)}{f(x)}=\frac{x+4}{x^2+bx+c}$$

함수 $g(x)$가 $x=0$에서 연속이므로

$$\lim_{x\to 0+}g(x)=\lim_{x\to 0+}\frac{x+4}{x^2+bx+c}=\frac{4}{c}=g(0)=1$$

$$\therefore c=4,\ g(x)=\frac{x+4}{x^2+bx+4}\ (x\geq 0)$$

함수 $g(x)$가 실수 전체의 집합에서 연속이므로 $x\geq 0$인 모든 실수 x에 대하여 $g(x)$의 분모인 x^2+bx+4가 0이 아니어야 한다.

즉, $x\geq 0$일 때, $x^2+bx+4>0$이어야 한다.　　……㉠

(i) $b\geq 0$, 즉 $-\dfrac{b}{2}\leq 0$일 때,

　$y=x^2+bx+4$ ($x\geq 0$)의 최솟값은 $x=0$일 때

　$y=4>0$이므로 ㉠을 만족시킨다.

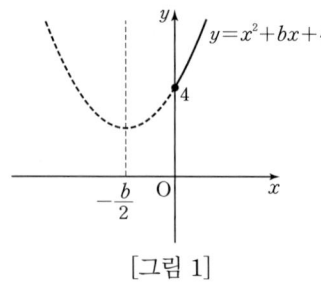

[그림 1]

(ii) $b<0$, 즉 $-\dfrac{b}{2}>0$일 때,

　$y=x^2+bx+4$ ($x\geq 0$)의 최솟값은 $x=-\dfrac{b}{2}$일 때

　$y=\left(-\dfrac{b}{2}\right)^2+b\left(-\dfrac{b}{2}\right)+4$

　$=-\dfrac{b^2}{4}+4>0$

　즉, $b^2<16$, $-4<b<0$이어야 ㉠을 만족시킨다.

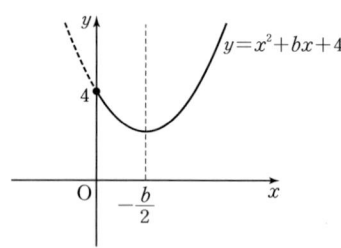

[그림 2]

(i), (ii)에서 ㉠을 만족시키려면 $b>-4$　　……㉡

한편, $f(x)=x(x^2+bx+4)$, $g(0)=1$이므로

$(f\circ g)(0)=f(g(0))=f(1)=b+5$

이 값이 10 이하의 정수이므로 b는 5 이하의 정수이다.　　……㉢

㉡, ㉢에서 b는 $-3\leq b\leq 5$인 정수이다. 이때,

$(g\circ g)(0)=g(g(0))=g(1)=\dfrac{5}{b+5}$이므로

$(g\circ g)(0)$의 최댓값은 $\dfrac{5}{-3+5}=\dfrac{5}{2}$이고, 최솟값은 $\dfrac{5}{5+5}=\dfrac{1}{2}$이다.

따라서 구하는 최댓값과 최솟값의 합은

$$\dfrac{5}{2}+\dfrac{1}{2}=3$$

답 ③

04

함수 $y=g(g(x))$가 $x=1$에서 연속이 되려면

$$\lim_{x\to 1}g(g(x))=g(g(1))=g(a)$$이어야 한다.

$x\neq 1$일 때 $g(x)=f(x)$이고, $f(x)=t$로 놓으면 $x\to 1$일 때 $t\to 4-$이므로

$$\lim_{x\to 1}g(g(x))=\lim_{t\to 4-}g(t)=\lim_{t\to 4-}f(t)=2$$

$$\therefore g(a)=2$$

그런데 $a=1$이면 $g(g(1))=g(1)=1$이므로 $a\neq 1$이어야 한다.

따라서 $y=g(g(x))$가 $x=1$에서 연속이려면 $f(a)=2$인 a의 값을 구하면 된다.

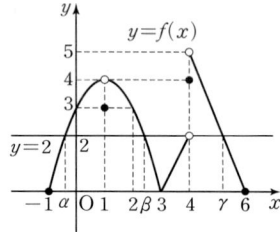

위의 그림과 같이 함수 $y=f(x)$의 그래프와 직선 $y=2$의 교점의 x좌표를 각각 α, β, γ라 하면 $a=\alpha$ 또는 $a=\beta$ 또는 $a=\gamma$

$$\dfrac{\alpha+\beta}{2}=1\qquad \therefore \alpha+\beta=2$$

두 점 $(6, 0)$, $(4, 5)$를 지나는 직선의 방정식은

$$y=\dfrac{5-0}{4-6}(x-6)\qquad \therefore y=-\dfrac{5}{2}x+15$$

이 식에 $x=\gamma$, $y=2$를 대입하면

$$2=-\dfrac{5}{2}\gamma+15\qquad \therefore \gamma=\dfrac{26}{5}$$

따라서 모든 실수 a의 값의 합은

$$\alpha+\beta+\gamma=2+\dfrac{26}{5}=\dfrac{36}{5}$$

답 ④

05

ㄱ. $x_i\geq 0$이므로

　$f(0)=\dfrac{1}{n}\displaystyle\sum_{i=1}^{n}x_i$

　$2-x_i\geq 0$이므로

　$f(2)=\dfrac{1}{n}\displaystyle\sum_{i=1}^{n}(2-x_i)=2-\dfrac{1}{n}\displaystyle\sum_{i=1}^{n}x_i=2-f(0)$

　$\therefore f(0)+f(2)=2$ (참)

ㄴ. ㄱ에서 $f(0)+f(2)=2$이므로

　(i) $f(0)>1$, $f(2)<1$ 또는 $f(0)<1$, $f(2)>1$일 때

　　함수 $f(x)$는 닫힌구간 $[0, 2]$에서 연속이고 $f(0)\neq f(2)$이므로 사잇값의 정리에 의하여 $f(x)=1$을 만족시키는 x가 닫힌구간 $[0, 2]$에 존재한다.

　(ii) $f(0)=1$, $f(2)=1$일 때

　　$x=0$, $x=2$일 때 $f(x)=1$이므로 $f(x)=1$을 만족시키는 x가 닫힌구간 $[0, 2]$에 존재한다. (참)

ㄷ. [반례] $f(x)=\dfrac{1}{3}\left(\left|x-\dfrac{1}{5}\right|+\left|x-\dfrac{4}{5}\right|+\left|x-\dfrac{7}{5}\right|\right)$이라 하면

　$y=f(x)$의 그래프는 다음 그림과 같으므로 $f(x)=\dfrac{4}{3}$를 만

족시키는 x가 닫힌구간 $[0, 2]$에 존재하지 않는다. (거짓)

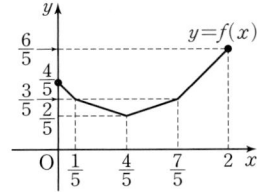

따라서 옳은 것은 ㄱ, ㄴ이다.　　　　　　　　답 ②

06

ㄱ. [반례]

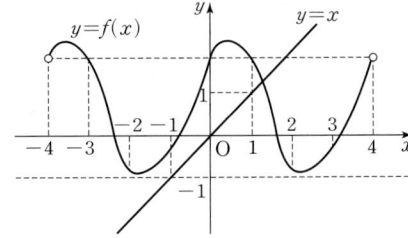

위의 그림과 같이 $f(1)>1$, $-1<f(2)<0$, $-1<f(3)<0$, $f(0)>0$인 함수 $f(x)$는 주어진 조건을 만족시키지만 열린구간 $(-1, 1)$에서 $y=f(x)$의 그래프와 직선 $y=x$가 서로 만나지 않으므로 방정식 $f(x)-x=0$은 열린구간 $(-1, 1)$에서 실근을 갖지 않는다. (거짓)

ㄴ. $F(x)=f(x-1)-f(x)$라 하면 함수 $F(x)$는 닫힌구간 $[2, 3]$에서 연속이다.
　(i) $f(1)>0$인 경우
　　$f(2)<f(3)<0$이고
　　$F(2)=f(1)-f(2)>0$
　　$F(3)=f(2)-f(3)<0$
　(ii) $f(1)<0$인 경우
　　$0<f(3)<f(2)$이고
　　$F(2)=f(1)-f(2)<0$
　　$F(3)=f(2)-f(3)>0$
　(i), (ii)에서 사잇값의 정리에 의하여 방정식 $F(x)=0$, 즉 $f(x-1)=f(x)$가 열린구간 $(2, 3)$에서 실근을 가지므로 열린구간 $(2, 5)$에서 실근을 갖는다. (참)

ㄷ. $G(x)=f(2x+1)+2f(x+1)$이라 하면 함수 $G(x)$는 닫힌구간 $[0, 1]$에서 연속이다.
　(i) $f(1)>0$인 경우
　　$f(2)<f(3)<0$이고
　　$G(0)=f(1)+2f(1)=3f(1)>0$
　　$G(1)=f(3)+2f(2)<0$
　(ii) $f(1)<0$인 경우
　　$0<f(3)<f(2)$이고
　　$G(0)=f(1)+2f(1)=3f(1)<0$
　　$G(1)=f(3)+2f(2)>0$
　(i), (ii)에서 사잇값의 정리에 의하여 방정식 $G(x)=0$, 즉 $f(2x+1)+2f(x+1)=0$은 열린구간 $(0, 1)$에서 실근을 갖는다. (참)

따라서 옳은 것은 ㄴ, ㄷ이다.　　　　　　　　답 ④

함수 $f(x)$가 $x=1$, $x=2$, $x=3$에서만 불연속이므로 함수 $f(x)-a$도 $x=1$, $x=2$, $x=3$에서만 불연속이다.
따라서 함수 $|f(x)-a|$가 $x=k$에서 불연속이 될 수 있는 실수 k의 값은 1, 2, 3뿐이다.

(i) 함수 $|f(x)-a|$가 $x=1$에서 연속인 경우
　$\lim\limits_{x\to 1+}|f(x)-a|=|2-a|$
　$\lim\limits_{x\to 1-}|f(x)-a|=|-a|$
　$|f(1)-a|=|-a|$
　에서
　$|2-a|=|-a|$
　양변을 제곱하면
　$(2-a)^2=a^2$
　$\therefore a=1$

(ii) 함수 $|f(x)-a|$가 $x=2$에서 연속인 경우
　$\lim\limits_{x\to 2+}|f(x)-a|=|1-a|$
　$\lim\limits_{x\to 2-}|f(x)-a|=|1-a|$
　$|f(2)-a|=|-a|$
　에서
　$|1-a|=|-a|$
　양변을 제곱하면
　$(1-a)^2=a^2$
　$\therefore a=\dfrac{1}{2}$

(iii) 함수 $|f(x)-a|$가 $x=3$에서 연속인 경우
　$\lim\limits_{x\to 3+}|f(x)-a|=|1-a|$
　$\lim\limits_{x\to 3-}|f(x)-a|=|-a|$
　$|f(3)-a|=|1-a|$
　에서
　$|1-a|=|-a|$
　양변을 제곱하면
　$(1-a)^2=a^2$
　$\therefore a=\dfrac{1}{2}$

(i)~(iii)에서
$a=1$이면 함수 $|f(x)-a|$는 $x=1$에서 연속이고 $x=2$, $x=3$에서 불연속이다.
$a=\dfrac{1}{2}$이면 함수 $|f(x)-a|$는 $x=2$, $x=3$에서 연속이고 $x=1$에서 불연속이다.
$a\neq 1$, $a\neq\dfrac{1}{2}$이면 함수 $|f(x)-a|$는 $x=1$, $x=2$, $x=3$에서 불연속이다.
따라서 $a=\dfrac{1}{2}$일 때 함수 $|f(x)-a|$가 $x=k$에서 불연속이 되도록 하는 실수 k $(0<k<4)$의 개수가 1이다.
이때, 함수 $y=\left|f(x)-\dfrac{1}{2}\right|$의 그래프는 다음 그림과 같다.

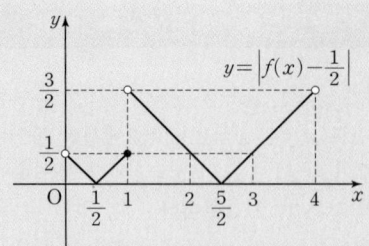

방정식 $\left|f(x)-\dfrac{1}{2}\right|=t$의 서로 다른 실근의 개수 $g(t)$는 함수 $y=\left|f(x)-\dfrac{1}{2}\right|$의 그래프와 직선 $y=t$의 교점의 개수이므로

$$g(t)=\begin{cases} 0 \ (t<0) \\ 2 \ (t=0) \\ 4 \ \left(0<t<\dfrac{1}{2}\right) \\ 3 \ \left(t=\dfrac{1}{2}\right) \\ 2 \ \left(\dfrac{1}{2}<t<\dfrac{3}{2}\right) \\ 0 \ \left(t\geq\dfrac{3}{2}\right) \end{cases}$$

따라서 함수 $g(t)$는 $t=0$, $t=\dfrac{1}{2}$, $t=\dfrac{3}{2}$에서 불연속이므로 불연속점의 개수는 3이다. **답** 3

Ⅱ. 미분

01 미분계수와 도함수

개념 & 대표 유형 짚어보기 　　　　　本文 18 ～ 19쪽

01 $\dfrac{1}{2}$ 　**02** ① 　**03** ② 　**04** ① 　**05** ⑤ 　**06** 40

07 72 　**08** ② 　**09** ①

01

x의 값이 a에서 b까지 변할 때의 함수 $f(x)$의 평균변화율이 2이므로

$$\frac{f(b)-f(a)}{b-a}=2 \qquad\qquad \cdots\cdots \,\ominus$$

이때, 함수 $f(x)$의 역함수가 $g(x)$이고

$f(a)=2$, $f(b)=6$이므로

$g(2)=a$, $g(6)=b$

이를 ㉠에 대입하면

$$\frac{f(b)-f(a)}{b-a}=\frac{6-2}{g(6)-g(2)}=2$$

따라서 x의 값이 2에서 6까지 변할 때의 함수 $g(x)$의 평균변화율은

$$\frac{g(6)-g(2)}{6-2}=\frac{1}{2} \qquad\qquad \text{답}\ \frac{1}{2}$$

02

조건 ㈎에서 $f(x)=-f(-x)$이므로

$f(1)=-f(-1)$

조건 ㈏에서

$$\begin{aligned}\lim_{h\to 0}\frac{f(-1+h)+f(1)}{3h}&=\lim_{h\to 0}\frac{f(-1+h)-f(-1)}{3h}\\&=\lim_{h\to 0}\frac{f(-1+h)-f(-1)}{h}\times\frac{1}{3}\\&=f'(-1)\times\frac{1}{3}=4\end{aligned}$$

이므로 $f'(-1)=12$

$$\begin{aligned}\therefore \lim_{x\to -1}\frac{f(x)+f(1)}{x^2-1}&=\lim_{x\to -1}\frac{f(x)-f(-1)}{(x-1)(x+1)}\\&=\lim_{x\to -1}\left\{\frac{f(x)-f(-1)}{x-(-1)}\times\frac{1}{x-1}\right\}\\&=\lim_{x\to -1}\frac{f(x)-f(-1)}{x-(-1)}\times\lim_{x\to -1}\frac{1}{x-1}\\&=f'(-1)\times\left(-\frac{1}{2}\right)\\&=12\times\left(-\frac{1}{2}\right)=-6 \qquad \text{답}\ ①\end{aligned}$$

03

조건 ㈎에서

$$f(x+y)=f(x)+f(y)+4xy \qquad\qquad \cdots\cdots \,\ominus$$

㉠에 $x=0$, $y=0$을 대입하면
$f(0)=0$ ......㉡
$\therefore f'(x)=\lim\limits_{h\to 0}\dfrac{f(x+h)-f(x)}{h}$
$\qquad\quad=\lim\limits_{h\to 0}\dfrac{f(x)+f(h)+4xh-f(x)}{h}$ $(\because ㉠)$
$\qquad\quad=\lim\limits_{h\to 0}\dfrac{f(h)+4xh}{h}$
$\qquad\quad=4x+f'(0)$ $(\because ㉡)$
조건 ㈏에서 $f'(1)=7$이므로
$f'(1)=4+f'(0)=7$ $\therefore f'(0)=3$
$\therefore f'(x)=4x+3$
$\lim\limits_{x\to 1}\dfrac{f(x+1)-f(2)}{x^2-1}$에서 $x+1=t$로 놓으면 $x=t-1$이고,
$x\to 1$일 때 $t\to 2$이므로
$\lim\limits_{x\to 1}\dfrac{f(x+1)-f(2)}{x^2-1}=\lim\limits_{t\to 2}\dfrac{f(t)-f(2)}{(t-1)^2-1}$
$\qquad\qquad\qquad\qquad=\lim\limits_{t\to 2}\dfrac{f(t)-f(2)}{t(t-2)}$
$\qquad\qquad\qquad\qquad=\lim\limits_{t\to 2}\dfrac{1}{t}\times\lim\limits_{t\to 2}\dfrac{f(t)-f(2)}{t-2}$
$\qquad\qquad\qquad\qquad=\dfrac{1}{2}f'(2)$
$\qquad\qquad\qquad\qquad=\dfrac{1}{2}(4\times 2+3)=\dfrac{11}{2}$ 답 ②

04

함수 $g(x)$가 실수 전체의 집합에서 미분가능하므로 $x=a$에서 미분가능하다.
$g(x)$가 $x=a$에서 미분가능하면 $x=a$에서 연속이므로
$\lim\limits_{x\to a+}g(x)=\lim\limits_{x\to a-}g(x)=g(a)$이어야 한다.
$\lim\limits_{x\to a+}g(x)=\lim\limits_{x\to a+}\{b-f(x)\}=b-f(a)$
$\lim\limits_{x\to a-}g(x)=\lim\limits_{x\to a-}f(x)=f(a)$
$g(a)=f(a)$에서
$b-f(a)=f(a)$
$\therefore b=2f(a)$ ......㉠
또한 $g(x)$가 $x=a$에서 미분가능하므로
$\lim\limits_{x\to a+}\dfrac{g(x)-g(a)}{x-a}=\lim\limits_{x\to a-}\dfrac{g(x)-g(a)}{x-a}$이어야 한다.
$\lim\limits_{x\to a+}\dfrac{g(x)-g(a)}{x-a}=\lim\limits_{x\to a+}\dfrac{b-f(x)-f(a)}{x-a}$
$\qquad\qquad\qquad\qquad=\lim\limits_{x\to a+}\dfrac{f(a)-f(x)}{x-a}$ $(\because ㉠)$
$\qquad\qquad\qquad\qquad=-f'(a)$
$\lim\limits_{x\to a-}\dfrac{g(x)-g(a)}{x-a}=\lim\limits_{x\to a-}\dfrac{f(x)-f(a)}{x-a}$
$\qquad\qquad\qquad\qquad=f'(a)$
에서
$-f'(a)=f'(a)$ $\therefore f'(a)=0$

$f'(x)=3x^2-4x$이므로
$f'(a)=3a^2-4a=0$ $\therefore a=0$ ($\because a$는 정수)
$a=0$을 ㉠에 대입하면
$b=2f(0)=2\times 2=4$
$\therefore a+b=0+4=4$

| 보충 설명 |
함수 $g(x)$가 실수 전체의 집합에서 미분가능하므로 $x=a$에서도 미분가능하기 때문에
$g'(x)=\begin{cases} f'(x) & (x<a) \\ -f'(x) & (x>a) \end{cases}$
에서 $\lim\limits_{x\to a+}\{-f'(x)\}=\lim\limits_{x\to a-}f'(x)$를 이용하여
조건을 만족시키는 a의 값을 구할 수도 있다. 답 ①

05

함수 $g(x)=|x+1|f(x)$에서
$g(x)=\begin{cases} (x+1)f(x) & (x\geq -1) \\ -(x+1)f(x) & (x<-1) \end{cases}$
$g(x)$가 $x=-1$에서 미분가능하므로
$\lim\limits_{x\to -1+}\dfrac{g(x)-g(-1)}{x-(-1)}=\lim\limits_{x\to -1-}\dfrac{g(x)-g(-1)}{x-(-1)}$이어야 한다.
$\lim\limits_{x\to -1+}\dfrac{g(x)-g(-1)}{x-(-1)}=\lim\limits_{x\to -1+}\dfrac{(x+1)f(x)-0}{x+1}$
$\qquad\qquad\qquad\qquad=\lim\limits_{x\to -1+}f(x)=f(-1)$
$\lim\limits_{x\to -1-}\dfrac{g(x)-g(-1)}{x-(-1)}=\lim\limits_{x\to -1-}\dfrac{-(x+1)f(x)-0}{x+1}$
$\qquad\qquad\qquad\qquad=\lim\limits_{x\to -1-}\{-f(x)\}=-f(-1)$
에서
$f(-1)=-f(-1)$ $\therefore f(-1)=0$
한편, 문제의 조건에서 $f(x)$는 최고차항의 계수가 1인 이차함수이고 $f(1)=0$이므로
$f(x)=(x+1)(x-1)=x^2-1$
$\therefore g(x)=\begin{cases} (x+1)(x^2-1) & (x\geq -1) \\ -(x+1)(x^2-1) & (x<-1) \end{cases}$
$\therefore g(2)=(2+1)(2^2-1)=9$ 답 ⑤

06

조건 ㈎에서 극한값이 존재하고, $x\to 2$일 때 (분모)$\to 0$이므로 (분자)$\to 0$이어야 한다.
즉, $\lim\limits_{x\to 2}\{xf(x)-x^3\}=0$이므로
$2f(2)-8=0$ $\therefore f(2)=4$
$h(x)=xf(x)-x^3$이라 하면
$h(2)=2f(2)-8=0$이므로
$\lim\limits_{x\to 2}\dfrac{xf(x)-x^3}{x-2}=\lim\limits_{x\to 2}\dfrac{h(x)-h(2)}{x-2}=h'(2)$
$\therefore h'(2)=2$
$h'(x)=\{xf(x)-x^3\}'=f(x)+xf'(x)-3x^2$이므로
$h'(2)=f(2)+2f'(2)-12=2$에서

$2f'(2)=14-f(2)=14-4=10$

$\therefore f'(2)=5$

조건 (나)에서 $g(x)=\{f(x)\}^2$이므로

$g'(x)=2f(x)f'(x)$

$\therefore g'(2)=2f(2)f'(2)=2\times4\times5=40$ **답** 40

07

조건 (가)에서 $g(x)=2x^2f(x)$이므로

$g'(x)=4xf(x)+2x^2f'(x)$

조건 (나)에서

$f'(x)g(x)-f(x)g'(x)$

$=2x^2f(x)f'(x)-f(x)\{4xf(x)+2x^2f'(x)\}$

$=-4x\{f(x)\}^2=-64x^3$

$\therefore f(x)=4x$ 또는 $f(x)=-4x$

조건 (다)에서 $f(1)>0$이므로

$f(x)=4x$

따라서 $g(x)=2x^2\times4x=8x^3$이므로

$f(2)+g(2)=4\times2+8\times2^3=72$ **답** 72

08

$f(x)$를 n차식이라 하면 $f'(x)$는 $n-1$차식이고, $f(x)$의 최고차항의 계수의 부호와 $f'(x)$의 최고차항의 계수의 부호가 서로 같으므로 $xf(x)+(x^2+2)f'(x)$는 $n+1$차식이다.

주어진 등식이 성립하려면 $n+1=3$

$\therefore n=2$

따라서 $f(x)$는 이차식이므로

$f(x)=ax^2+bx+c$ (a, b, c는 상수, $a\neq0$)이라 하면

$f'(x)=2ax+b$

$xf(x)+(x^2+2)f'(x)=x(ax^2+bx+c)+(x^2+2)(2ax+b)$

$\qquad\qquad=3ax^3+2bx^2+(4a+c)x+2b$

따라서 x에 대한 항등식

$3ax^3+2bx^2+(4a+c)x+2b=3x^3-4x^2+7x-4$에서

$a=1$, $b=-2$, $c=3$

따라서 $f(x)=x^2-2x+3$이므로

$f(3)=3^2-2\times3+3=6$ **답** ②

09

조건 (가)에서 $x=0$을 대입하면 $f(1)=-f(1)$

$2f(1)=0$ $\therefore f(1)=0$

조건 (다)에서 $f(x)=f'(x)\left(\dfrac{x-1}{3}\right)+R(x)$

$f(x)$가 삼차함수이므로 $f'(x)$는 이차함수이다.

따라서 $R(x)=ax+b$ (a, b는 상수)라 하면

$f(x)=f'(x)\left(\dfrac{x-1}{3}\right)+ax+b$ ...... ㉠

㉠에 $x=1$을 대입하면

$f(1)=a+b=0$ ...... ㉡

조건 (나)에서 극한값이 존재하고, $x\to0$일 때 (분모)$\to0$이므로 (분자)$\to0$이어야 한다.

즉, $\lim\limits_{x\to0}f(x)=0$이므로 $f(0)=0$

$\therefore \lim\limits_{x\to0}\dfrac{f(x)}{x}=\lim\limits_{x\to0}\dfrac{f(x)-f(0)}{x-0}=f'(0)=6$

㉠에 $x=0$을 대입하면

$f(0)=f'(0)\times\left(-\dfrac{1}{3}\right)+b=-2+b=0$ ...... ㉢

㉡, ㉢에서 $a=-2$, $b=2$

따라서 $R(x)=-2x+2$이므로

$R(3)=-4$ **답** ①

심화 유형 도전하기 본문 20~21쪽

01 ① **02** ④ **03** 13 **04** ③ **05** ④ **06** 8

01

$\lim\limits_{x\to1}\dfrac{f(x)}{(x-1)f'(x)}=a$ ($a\neq1$) ...... ㉠

에서 극한값이 존재하고, $x\to1$일 때 (분모)$\to0$이므로 (분자)$\to0$이어야 한다. 즉, $\lim\limits_{x\to1}f(x)=0$

$\therefore f(1)=0$

문제의 조건에서 삼차함수 $f(x)$의 최고차항의 계수가 1이고 $f(2)=0$이므로

$f(x)=(x-1)(x-2)(x-k)$ (k는 상수)로 놓을 수 있다.

$\lim\limits_{x\to1}\dfrac{f(x)}{(x-1)f'(x)}$

$=\lim\limits_{x\to1}\dfrac{(x-1)(x-2)(x-k)}{(x-1)f'(x)}$

$=\lim\limits_{x\to1}\dfrac{(x-2)(x-k)}{f'(x)}$

$=\lim\limits_{x\to1}\dfrac{(x-2)(x-k)}{(x-2)(x-k)+(x-1)(x-k)+(x-1)(x-2)}$

(i) $k\neq1$일 때

$\lim\limits_{x\to1}\dfrac{(x-2)(x-k)}{(x-2)(x-k)+(x-1)(x-k)+(x-1)(x-2)}$

$=\dfrac{(1-2)(1-k)}{(1-2)(1-k)}=1$

이므로 $a=1$

문제의 조건에서 $a\neq1$이므로 모순이다.

(ii) $k=1$일 때

$\lim\limits_{x\to1}\dfrac{(x-2)(x-k)}{(x-2)(x-k)+(x-1)(x-k)+(x-1)(x-2)}$

$=\lim\limits_{x\to1}\dfrac{(x-2)(x-1)}{(x-2)(x-1)+(x-1)^2+(x-1)(x-2)}$

$=\lim\limits_{x\to1}\dfrac{x-2}{(x-2)+(x-1)+(x-2)}$

$=\dfrac{-1}{(-1)+0+(-1)}=\dfrac{1}{2}$

(i), (ii)에 의하여 $a=\dfrac{1}{2}$ **답** ①

02

함수 $g(x)$는 모든 실수 x에 대하여 연속이므로 $x=0$에서도 연속이다.

따라서 $\lim\limits_{x\to 0}\dfrac{f(x)}{x}=g(0)$이므로

$\lim\limits_{x\to 0}\dfrac{f(x)}{x}=\dfrac{1}{2}$

$\lim\limits_{x\to 0}\dfrac{f(x)}{x}=\dfrac{1}{2}$에서 극한값이 존재하고, $x\to 0$일 때 (분모)$\to 0$

이므로 (분자)$\to 0$이어야 한다.

즉, $\lim\limits_{x\to 0}f(x)=0$이므로 $f(0)=0$

$\therefore \lim\limits_{x\to 0}\dfrac{f(x)}{x}=\lim\limits_{x\to 0}\dfrac{f(x)-f(0)}{x-0}=f'(0)=\dfrac{1}{2}$

또한 $g(0)=g(2)$에서 $\dfrac{1}{2}=\dfrac{f(2)}{2}$이므로 $f(2)=1$

$\therefore \dfrac{f(2)-f(0)}{2-0}=\dfrac{1}{2}$

따라서 함수 $y=f(x)$에 대하여 원점에서의 접선의 기울기와 닫힌구간 $[0,\ 2]$에서의 평균변화율이 같으므로 함수 $y=f(x)$의 그래프는 다음 그림과 같다.

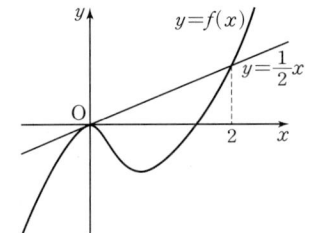

즉, $f(x)-\dfrac{1}{2}x=x^2(x-2)$이므로

$f(x)=x^2(x-2)+\dfrac{1}{2}x$

$\therefore g(x)=\begin{cases} x^2-2x+\dfrac{1}{2} & (x\neq 0) \\ \dfrac{1}{2} & (x=0) \end{cases}$

닫힌구간 $[0,\ n]$에서 함수 $y=g(x)$의 평균변화율이 $h(n)$이므로

$h(n)=\dfrac{g(n)-g(0)}{n-0}=\dfrac{\left(n^2-2n+\dfrac{1}{2}\right)-\dfrac{1}{2}}{n}$

$=\dfrac{n^2-2n}{n}=n-2$

$h(n)\leq 5$에서 $n-2\leq 5$

$\therefore n\leq 7$

따라서 조건을 만족시키는 자연수 n의 개수는 7이다.

/ 보충 설명 /

함수 $f(x)$를 다음과 같이 구할 수도 있다.

$f(x)$는 최고차항의 계수가 1인 삼차함수이고

$f(0)=0$, $f'(0)=\dfrac{1}{2}$이므로

$f(x)=x^3+ax^2+\dfrac{1}{2}x$ (a는 상수)로 놓을 수 있고, $f(2)=1$이므

로 $f(2)=2^3+a\times 2^2+\dfrac{1}{2}\times 2=8+4a+1=1$에서 $a=-2$

$\therefore f(x)=x^3-2x^2+\dfrac{1}{2}x$ **답 ④**

03

$\lim\limits_{h\to 0}\dfrac{f(a+2h)-f(a-h)}{h}$

$=\lim\limits_{h\to 0}\dfrac{f(a+2h)-f(a)+f(a)-f(a-h)}{h}$

$=\lim\limits_{h\to 0}\dfrac{f(a+2h)-f(a)}{2h}\times 2+\lim\limits_{h\to 0}\dfrac{f(a-h)-f(a)}{-h}$

$=2f'(a)+f'(a)=3f'(a)$

이므로 $3f'(a)=-12$

$\therefore f'(a)=-4$

$f(x)=x^3-nx+2$에서 $f'(x)=3x^2-n$이므로

$f'(a)=3a^2-n=-4$

$\therefore a^2=\dfrac{n-4}{3}$

(i) $1\leq n\leq 3$일 때, $a^2<0$이므로 실수 a는 존재하지 않는다.

   $\therefore a_n=0$

(ii) $n=4$일 때, $a^2=0$이므로 실수 a는 0의 1개이다.

   $\therefore a_n=1$

(iii) $n\geq 5$일 때, $a^2>0$이므로 실수 a는 $a=\pm\sqrt{\dfrac{n-4}{3}}$의 2개이다.

   $\therefore a_n=2$

(i)~(iii)에 의하여

$\sum\limits_{n=1}^{10}a_n=0\times 3+1\times 1+2\times 6$

$=13$ **답 13**

04

ㄱ. 조건 (나)에서

   $f(s+t)+st=f(s)+f(t)+1$

   위 식에 $s=t=0$을 대입하면

   $f(0)=2f(0)+1$

   $\therefore f(0)=-1$ (참)

ㄴ. $f(0)=-1$이므로

   $\lim\limits_{h\to 0}\dfrac{f(-h)+1}{h}=\lim\limits_{h\to 0}\dfrac{f(-h)-(-1)}{h}$

   $=-\lim\limits_{h\to 0}\dfrac{f(-h)-f(0)}{-h}$

   $=-f'(0)$

   $=-1$ ($\because$ 조건 (가)) (참)

ㄷ. $f'(x)=\lim\limits_{h\to 0}\dfrac{f(x+h)-f(x)}{h}$

   $=\lim\limits_{h\to 0}\dfrac{f(x)+f(h)+1-xh-f(x)}{h}$

   $=\lim\limits_{h\to 0}\dfrac{f(h)+1-xh}{h}$

   $=\lim\limits_{h\to 0}\dfrac{f(h)-f(0)}{h}-x$

   $=-x+f'(0)$

   $=-x+1$

   $0<x<1$일 때, $f'(x)>0$이고 $f(0)=-1$이므로

   $f(1)>-1$ (거짓)

따라서 옳은 것은 ㄱ, ㄴ이다. **답 ③**

05

함수 $f(x)=\begin{cases} 2x & (x<1) \\ x^2-4x+5 & (1\le x<4) \\ 5 & (x\ge 4) \end{cases}$ 의 그래프는 다음 그림과 같다.

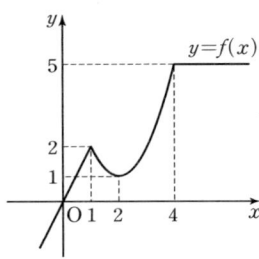

한편, $\dfrac{f(t+h)-f(t)}{h}$ 는 두 점 $(t, f(t))$, $(t+h, f(t+h))$ 를 지나는 직선의 기울기이므로

$\dfrac{f(t+h)-f(t)}{h} \le k$ 를 만족시키는 실수 k 의 최솟값은

두 점 $(t, f(t))$, $(t+h, f(t+h))$ 를 지나는 직선의 기울기의 최댓값이다.

(i) $t<1$일 때,

두 점 $(t, f(t))$, $(1, 2)$를 지나는 직선의 기울기는 2이다.

두 점 $(t, f(t))$, $(4, 5)$를 지나는 직선의 기울기는

$$\dfrac{5-f(t)}{4-t}=\dfrac{5-2t}{4-t}$$
$$=2+\dfrac{3}{t-4}$$

$t<1$이므로 $2+\dfrac{3}{t-4}<2$

$\therefore g(t)=2$

(ii) $1\le t<4$일 때,

두 점 $(t, f(t))$, $(4, 5)$를 지나는 직선의 기울기가 최대이므로

$$g(t)=\dfrac{5-f(t)}{4-t}$$
$$=\dfrac{5-(t^2-4t+5)}{4-t}$$
$$=\dfrac{t^2-4t}{t-4}$$
$$=t$$

(iii) $t\ge 4$일 때,

직선의 기울기는 항상 0이므로

$g(t)=0$

(i)~(iii)에 의하여 함수 $y=g(t)$의 그래프는 다음 그림과 같다.

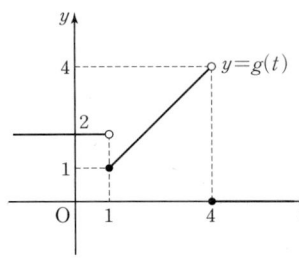

따라서 함수 $g(t)$는 $t=1$, $t=4$에서 불연속이고 미분가능하지 않으므로 함수 $g(t)$의 불연속점의 개수와 미분가능하지 않은 점의 개수의 합은 4이다. **답 ④**

06

조건 ㈎에서 극한값이 존재하고, $x \to 3-$ 일 때 (분모)$\to 0$이므로 (분자)$\to 0$이어야 한다.

즉, $\displaystyle\lim_{x\to 3-} g(x)=0$이므로

$\displaystyle\lim_{x\to 3-} f(x)h(x)=0$

이때, $x \to 3-$이면 $f(x)=1$이므로

$h(3)=0$ ...... ㉠

한편, 조건 ㈏에서 함수 $g(x)$가 $x=2$에서 미분가능하려면 $x=2$에서 연속이어야 하므로

$\displaystyle\lim_{x\to 2+} g(x)=\lim_{x\to 2+} f(x)h(x)=h(2)$

$\displaystyle\lim_{x\to 2-} g(x)=\lim_{x\to 2-} f(x)h(x)=0$

$g(2)=f(2)h(2)=0$에서

$h(2)=0$ ...... ㉡

또한 $g'(2)$가 존재하므로

$\displaystyle\lim_{x\to 2+} \dfrac{g(x)-g(2)}{x-2}=\lim_{x\to 2-} \dfrac{g(x)-g(2)}{x-2}$

$\displaystyle\lim_{x\to 2+} \dfrac{g(x)-g(2)}{x-2}=\lim_{x\to 2+} \dfrac{f(x)h(x)-f(2)h(2)}{x-2}$
$\displaystyle\qquad=\lim_{x\to 2+} \dfrac{h(x)-h(2)}{x-2} \ (\because ㉡)$
$\displaystyle\qquad=h'(2)$

$\displaystyle\lim_{x\to 2-} \dfrac{g(x)-g(2)}{x-2}=\lim_{x\to 2-} \dfrac{f(x)h(x)-f(2)h(2)}{x-2}$
$\displaystyle\qquad=\lim_{x\to 2-} \dfrac{0-0}{x-2}$
$\displaystyle\qquad=0$

에서 $h'(2)=0$ ...... ㉢

㉠, ㉡, ㉢에 의하여

$h(x)=a(x-2)^2(x-3)$ (a는 0이 아닌 상수)

로 놓을 수 있다.

이때, $\displaystyle\lim_{x\to 3-} \dfrac{g(x)}{x-3}=1$에서

$\displaystyle\lim_{x\to 3-} \dfrac{af(x)(x-2)^2(x-3)}{x-3}=\lim_{x\to 3-}\{af(x)(x-2)^2\}$
$\displaystyle\qquad=a\times 1\times 1^2$
$\displaystyle\qquad=a=1$

$\therefore h(x)=(x-2)^2(x-3)$

따라서 $g(x)=f(x)(x-2)^2(x-3)$이고 $f(4)=2$이므로

$g(4)=2\times 2^2\times 1=8$

| 보충 설명 |

양수 x에 대하여 x보다 작은 자연수 중 소수의 개수가 $f(x)$이므로 $f(2)$, $f(3)$, $f(4)$의 값을 구하면 각각 다음과 같다.

2보다 작은 자연수 중 소수는 없으므로

$f(2)=0$

3보다 작은 자연수 중 소수는 2의 1개이므로

$f(3)=1$

4보다 작은 자연수 중 소수는 2, 3의 2개이므로

$f(4)=2$ **답 8**

개념 & 대표 유형 짚어보기 | 본문 22 ~ 23쪽

01 ② **02** ① **03** ⑤ **04** ④ **05** ④ **06** ④

07 ② **08** ③ **09** ④

01

서로 다른 두 점 $A(a, f(a))$, $B(b, f(b))$에서의 접선이 서로 평행하므로 $f'(a)=f'(b)$이다.

$f(x)=x^3-x^2$에서 $f'(x)=3x^2-2x$

$f'(a)=f'(b)$이므로

$3a^2-2a=3b^2-2b$

$3a^2-3b^2-2a+2b=0$

$3(a^2-b^2)-2(a-b)=0$

$3(a-b)(a+b)-2(a-b)=0$

$(a-b)\{3(a+b)-2\}=0$

이때, $a\neq b$이므로

$3(a+b)-2=0$ ∴ $a+b=\dfrac{2}{3}$

$\therefore f(a)+f(b)=a^3-a^2+b^3-b^2$

$\qquad =(a^3+b^3)-(a^2+b^2)$

$\qquad =(a+b)^3-3ab(a+b)-(a+b)^2+2ab$

$\qquad =\left(\dfrac{2}{3}\right)^3-3ab\times\dfrac{2}{3}-\left(\dfrac{2}{3}\right)^2+2ab$

$\qquad =\left(\dfrac{2}{3}\right)^3-\left(\dfrac{2}{3}\right)^2$

$\qquad =\dfrac{8}{27}-\dfrac{4}{9}=-\dfrac{4}{27}$ **답** ②

02

$f(x)=3x^2$이라 하면 $f'(x)=6x$

점 $A(1, 3)$에서의 접선의 기울기는 $f'(1)=6$이므로 이 접선에 수직인 직선 l의 기울기는 $-\dfrac{1}{6}$이다.

따라서 직선 l의 방정식은

$y-3=-\dfrac{1}{6}(x-1)$ ∴ $y=-\dfrac{1}{6}x+\dfrac{19}{6}$

또한 점 $B(a, 3a^2)$에서의 접선의 기울기는 $f'(a)=6a$이므로 이 접선에 수직인 직선 m의 기울기는 $-\dfrac{1}{6a}$이다.

따라서 직선 m의 방정식은

$y-3a^2=-\dfrac{1}{6a}(x-a)$ ∴ $y=-\dfrac{1}{6a}x+3a^2+\dfrac{1}{6}$

이때, 두 직선 l, m의 교점의 x좌표를 구하면

$-\dfrac{1}{6}x+\dfrac{19}{6}=-\dfrac{1}{6a}x+3a^2+\dfrac{1}{6}$에서

$\left(\dfrac{1}{6a}-\dfrac{1}{6}\right)x=3(a^2-1)$ ∴ $x=-18a(a+1)$ ($\because a\neq 1$)

따라서 $f(a)=-18a(a+1)$이므로

$\displaystyle\lim_{a\to 1}f(a)=\lim_{a\to 1}\{-18a(a+1)\}=-36$ **답** ①

03

직선 $y=mx+2$가 곡선 $y=x^3+2x$에 접하는 접점의 좌표를 (t, t^3+2t)라 하면 $y'=3x^2+2$이므로

곡선 $y=x^3+2x$ 위의 점 (t, t^3+2t)에서의 접선의 방정식은

$y-(t^3+2t)=(3t^2+2)(x-t)$

$\therefore y=(3t^2+2)x-2t^3$

위의 접선이 직선 $y=mx+2$와 일치해야 하므로

$-2t^3=2$, $3t^2+2=m$

$-2t^3=2$에서 $t=-1$이므로

$m=3\times(-1)^2+2=5$ **답** ⑤

04

$f(x)=x^3-3x^2+1$이라 하면 $f'(x)=3x^2-6x$

접점의 좌표를 (t, t^3-3t^2+1)이라 하면 접선의 방정식은

$y-(t^3-3t^2+1)=(3t^2-6t)(x-t)$

이 접선이 점 $P\left(0, \dfrac{3}{2}\right)$을 지나므로

$\dfrac{3}{2}-(t^3-3t^2+1)=(3t^2-6t)\times(-t)$

$4t^3-6t^2+1=0$, $(2t-1)(2t^2-2t-1)=0$

$\therefore t=\dfrac{1}{2}$ 또는 $t=\dfrac{1\pm\sqrt{3}}{2}$

한편, 접점 (t, t^3-3t^2+1)에서의 접선의 기울기는

$f'(t)=3t^2-6t=3(t-1)^2-3$

따라서 $t=\dfrac{1-\sqrt{3}}{2}$일 때 기울기는 최대이고 그때의 최댓값은

$3\times\left(\dfrac{1-\sqrt{3}}{2}\right)^2-6\times\dfrac{1-\sqrt{3}}{2}=\dfrac{3\sqrt{3}}{2}$ **답** ④

05

$f(x)=\dfrac{2}{27}x^3-x+1$이라 하면 $f'(x)=\dfrac{2}{9}x^2-1$

접점의 좌표를 $\left(t, \dfrac{2}{27}t^3-t+1\right)$이라 하면 접선의 기울기는

$\dfrac{2}{9}t^2-1$이므로 접선의 방정식은

$y-\left(\dfrac{2}{27}t^3-t+1\right)=\left(\dfrac{2}{9}t^2-1\right)(x-t)$

이 접선이 점 $P(2, -1)$을 지나므로

$-1-\left(\dfrac{2}{27}t^3-t+1\right)=\left(\dfrac{2}{9}t^2-1\right)(2-t)$

$-1-\dfrac{2}{27}t^3+t-1=\dfrac{4}{9}t^2-2-\dfrac{2}{9}t^3+t$

$\dfrac{4}{27}t^3-\dfrac{4}{9}t^2=0$, $\dfrac{4}{27}t^2(t-3)=0$

$\therefore t=0$ 또는 $t=3$

따라서 접점의 좌표는 $(0, 1)$ 또는 $(3, 0)$이다.

한편, 두 접선의 기울기는 각각 $f'(0)=-1$, $f'(3)=1$이므로 두 접선은 서로 수직이다. 즉, 삼각형 PAB는 선분 AB를 빗변으로 하는 직각삼각형이다.

이때, 삼각형 PAB의 외접원의 지름은 $\overline{AB}$이고

$\overline{AB}=\sqrt{(-3)^2+1^2}=\sqrt{10}$

이므로 외접원의 반지름의 길이는 $\dfrac{\sqrt{10}}{2}$이다.

따라서 구하는 외접원의 넓이는 $\left(\dfrac{\sqrt{10}}{2}\right)^2\pi=\dfrac{5}{2}\pi$

/ 보충 설명 /

직각삼각형에서 외접원의 중심은 빗변의 중점이므로 외접원의 반지름의 길이는 $\dfrac{(\text{빗변의 길이})}{2}$이다.　　　　　　　　　　답 ④

06

$f(x)=x^3-3x^2+3x+1$에서 $f'(x)=3x^2-6x+3$

(i) 점 $(a, f(a))$ $(a\neq0)$에서의 접선의 방정식 l_2는
$y-(a^3-3a^2+3a+1)=(3a^2-6a+3)(x-a)$
이 접선이 점 $P(0, 1)$을 지나므로
$1-a^3+3a^2-3a-1=-a(3a^2-6a+3)$
$2a^3-3a^2=0$, $a^2(2a-3)=0$
$\therefore a=\dfrac{3}{2}$ $(\because a\neq0)$

(ii) 점 $P(0, 1)$에서의 접선의 방정식 l_1은
$y-1=f'(0)(x-0)$, 즉 $y=3x+1$이다.
이때, 곡선 $y=f(x)$와 직선 $y=3x+1$의 점 P가 아닌 교점의 x좌표를 구하면
$x^3-3x^2+3x+1=3x+1$에서
$x^3-3x^2=0$, $x^2(x-3)=0$
$\therefore x=3$ $(\because x\neq0)$

(i), (ii)에서 구하는 x좌표의 합은
$\dfrac{3}{2}+3=\dfrac{9}{2}$　　　　　　　　　　답 ④

07

두 곡선 $y=x^3+ax+4$, $y=-x^2+bx+c$가 점 $(2, 0)$을 지나므로
$f(x)=x^3+ax+4$, $g(x)=-x^2+bx+c$라 하면
$f(2)=8+2a+4=0$
$\therefore a=-6$　　　　　　　　　　……㉠
$g(2)=-4+2b+c=0$
$\therefore 2b+c=4$　　　　　　　　　　……㉡
두 곡선 위의 점 $(2, 0)$에서의 접선이 서로 일치하므로
$f'(2)=g'(2)$
$f'(x)=3x^2+a=3x^2-6$ $(\because ㉠)$
에서
$f'(2)=3\times2^2-6=6$
$g'(x)=-2x+b$에서
$g'(2)=-4+b$이므로
$-4+b=6$　　$\therefore b=10$
$b=10$을 ㉡에 대입하면
$c=-16$
$\therefore a+b+c=(-6)+10+(-16)=-12$　　답 ②

08

곡선 $y=-x^2-4x$에 접하는 직선의 접점의 좌표를 $(a, -a^2-4a)$라 하면 $y'=-2x-4$이므로 접선의 방정식은
$y=(-2a-4)(x-a)+(-a^2-4a)$
$\therefore y=(-2a-4)x+a^2$　　　　　　……㉠
곡선 $y=x^2-6x+5$에 접하는 직선의 접점의 좌표를 (b, b^2-6b+5)라 하면 $y'=2x-6$이므로 접선의 방정식은
$y=(2b-6)(x-b)+b^2-6b+5$
$\therefore y=(2b-6)x-b^2+5$　　　　　……㉡
㉠, ㉡에서 구한 접선의 방정식이 일치해야 하므로
$-2a-4=2b-6$, $a^2=-b^2+5$
위의 식을 연립하여 풀면
$a=2$, $b=-1$ 또는 $a=-1$, $b=2$
따라서 두 곡선에 모두 접하는 두 직선의 방정식은
$y=-8x+4$, $y=-2x+1$
이므로 두 직선 중 기울기가 큰 직선의 방정식은
$y=-2x+1$이고 y절편은 1이다.　　　　답 ③

09

$\dfrac{3}{x}=t$로 놓으면 $x\to0+$일 때 $t\to\infty$이므로

$\lim\limits_{x\to0+}\left\{f\left(\dfrac{3+2x}{x}\right)-f\left(\dfrac{3-2x}{x}\right)\right\}$

$=\lim\limits_{x\to0+}\left\{f\left(\dfrac{3}{x}+2\right)-f\left(\dfrac{3}{x}-2\right)\right\}$

$=\lim\limits_{t\to\infty}\{f(t+2)-f(t-2)\}$

함수 $f(x)$가 미분가능한 함수이므로 $f(x)$는 닫힌구간 $[t-2, t+2]$에서 연속이고 열린구간 $(t-2, t+2)$에서 미분가능하다. 따라서 평균값 정리에 의하여

$\dfrac{f(t+2)-f(t-2)}{(t+2)-(t-2)}=f'(c)$

인 c가 열린구간 $(t-2, t+2)$에 적어도 하나 존재한다.
이때, $t\to\infty$이면 $c\to\infty$이므로

$\lim\limits_{t\to\infty}\{f(t+2)-f(t-2)\}=\lim\limits_{t\to\infty}\dfrac{f(t+2)-f(t-2)}{(t+2)-(t-2)}\times4$

$=4\lim\limits_{t\to\infty}f'(c)$

$=4\lim\limits_{c\to\infty}f'(c)$

$=4\times3=12$　　　　　　　　　　답 ④

01 ④ **02** 30 **03** ② **04** 484 **05** ③ **06** ②
07 ③ **08** ⑤ **09** ⑤

01

$f(x)=\begin{cases}0 & (x\le a)\\ x^3+3x^2 & (x>a)\end{cases}$ 에서

$f'(x)=\begin{cases}0 & (x<a)\\ 3x^2+6x & (x>a)\end{cases}$

함수 $f(x)$가 $x=a$에서 연속이므로

$\lim\limits_{x\to a+}f(x)=\lim\limits_{x\to a-}f(x)=f(a)$이어야 한다.

$\lim\limits_{x\to a+}f(x)=\lim\limits_{x\to a+}(x^3+3x^2)=a^3+3a^2$

$\lim\limits_{x\to a-}f(x)=0$

$f(a)=0$에서

$a^3+3a^2=0$, $a^2(a+3)=0$

$\therefore a=0$ 또는 $a=-3$ ······ ㉠

함수 $f(x)$가 $x=a$에서 미분가능하므로

$\lim\limits_{x\to a+}f'(x)=\lim\limits_{x\to a-}f'(x)$이어야 한다.

$\lim\limits_{x\to a+}f'(x)=\lim\limits_{x\to a+}(3x^2+6x)=3a^2+6a$

$\lim\limits_{x\to a-}f'(x)=0$에서

$3a^2+6a=0$, $a(a+2)=0$

$\therefore a=0$ 또는 $a=-2$ ······ ㉡

㉠, ㉡을 모두 만족시켜야 하므로

$a=0$

$a=0$이고 문제의 조건에서 $a<b$이므로

$b>0$

따라서 $f(x)=\begin{cases}0 & (x\le 0)\\ x^3+3x^2 & (x>0)\end{cases}$,

$f'(x)=\begin{cases}0 & (x\le 0)\\ 3x^2+6x & (x>0)\end{cases}$ 이다.

한편, 점 $(b, f(b))$에서의 접선의 방정식이

$y=24(x-c)$이므로

$f'(b)=3b^2+6b=24$에서

$b^2+2b-8=0$, $(b+4)(b-2)=0$

$\therefore b=2 \ (\because b>0)$

이때, $f(b)=f(2)=2^3+3\times2^2=20$

직선 $y=24(x-c)$와 곡선 $y=f(x)$가 $x=b$에서 만나므로

$f(b)=24(b-c)=20$

$\dfrac{5}{6}=2-c$, $c=\dfrac{7}{6}$

$\therefore a+b+c=0+2+\dfrac{7}{6}=\dfrac{19}{6}$ **답 ④**

02

$f(x)=x^3+2ax^2+3x$에서 $f'(x)=3x^2+4ax+3$이므로
곡선 $y=f(x)$ 위의 점 $(t, f(t))$에서의 접선의 방정식은

$y-(t^3+2at^2+3t)=(3t^2+4at+3)(x-t)$

$\therefore y=(3t^2+4at+3)x-2t^3-2at^2$

위의 식에 $x=0$을 대입하면

$y=-2t^3-2at^2$

$\therefore P(0, -2t^3-2at^2)$

따라서 원점에서 점 P까지의 거리 $g(t)$는

$g(t)=|-2t^3-2at^2|=|-2t^2(t+a)|$

함수 $g(t)$가 실수 전체의 집합에서 미분가능하므로

$t=-a$에서 미분가능하다.

즉, $\lim\limits_{t\to -a+}\dfrac{g(t)-g(-a)}{t-(-a)}=\lim\limits_{t\to -a-}\dfrac{g(t)-g(-a)}{t-(-a)}$이어야 하므로

$\lim\limits_{t\to -a+}\dfrac{g(t)-g(-a)}{t-(-a)}=\lim\limits_{t\to -a+}\dfrac{2t^2(t+a)}{t+a}$

$=\lim\limits_{t\to -a+}(2t^2)=2a^2$

$\lim\limits_{t\to -a-}\dfrac{g(t)-g(-a)}{t-(-a)}=\lim\limits_{t\to -a-}\dfrac{-2t^2(t+a)}{t+a}$

$=\lim\limits_{t\to -a-}(-2t^2)=-2a^2$

에서

$2a^2=-2a^2$ $\therefore a=0$

따라서 $f(x)=x^3+3x$, $g(t)=|-2t^3|$이므로

$f(2)=2^3+3\times2=14$, $g(2)=|-2\times2^3|=16$

$\therefore f(2)+g(2)=14+16=30$ **답 30**

03

$y=x^2$에서 $y'=2x$이므로 점 $A(a, a^2)$에서의 접선 l의 방정식은

$y-a^2=2a(x-a)$ $\therefore y=2ax-a^2$

접선 l이 x축과 만나는 점 B의 좌표는

$0=2ax-a^2$에서 $x=\dfrac{a}{2}$

$\therefore B\left(\dfrac{a}{2}, 0\right)$

한편, 점 $A(a, a^2)$을 지나고 접선 l과 수직인 직선 m의 방정식은

$y-a^2=-\dfrac{1}{2a}(x-a)$ $\therefore y=-\dfrac{1}{2a}x+\dfrac{1}{2}+a^2$

직선 m이 x축과 만나는 점 C의 좌표는

$0=-\dfrac{1}{2a}x+\dfrac{1}{2}+a^2$에서 $x=2a^3+a$

$\therefore C(2a^3+a, 0)$

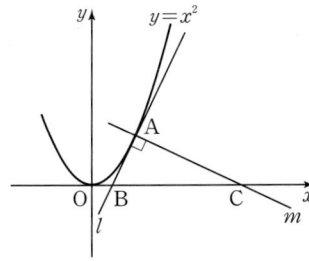

점 B를 지나는 직선이 삼각형 ABC의 넓이를 이등분하려면 두 점 A, C의 중점을 지나야 한다.

두 점 $A(a, a^2)$, $C(2a^3+a, 0)$의 중점을 M이라 하면 점 M의 좌표는

$\left(a^3+a, \dfrac{a^2}{2}\right)$

따라서 두 점 $B\left(\dfrac{a}{2},\ 0\right)$, $M\left(a^3+a,\ \dfrac{a^2}{2}\right)$을 지나는 직선의 기울기는

$$\dfrac{\dfrac{a^2}{2}-0}{a^3+a-\dfrac{a}{2}}=\dfrac{a}{2a^2+1}$$

문제의 조건에서 이 직선의 기울기가 $\dfrac{1}{3}$이므로

$$\dfrac{a}{2a^2+1}=\dfrac{1}{3},\ 2a^2-3a+1=0$$

$$(2a-1)(a-1)=0 \qquad \therefore a=1\ \left(\because a>\dfrac{1}{2}\right) \qquad\qquad \text{답 ②}$$

04

삼각형 ABC의 넓이가 최소가 되기 위해서는 점 A와 직선 $y=12x-24$ 사이의 거리가 최소이어야 한다.
즉, 곡선 위의 점 A에서의 접선의 기울기가 12이어야 한다.
$y=\dfrac{1}{2}x^4-x^2+3$에서 $y'=2x^3-2x$이므로

$2x^3-2x=12$에서 $2x^3-2x-12=0$

$2(x-2)(x^2+2x+3)=0$

$\therefore x=2\ (\because x^2+2x+3>0)$

따라서 삼각형 ABC의 넓이가 최소일 때의 점 A의 좌표는 $(2,\ 7)$

점 $A(2,\ 7)$과 직선 $y=12x-24$, 즉 $12x-y-24=0$ 사이의 거리를 h라 하면

$$h=\dfrac{|24-7-24|}{\sqrt{12^2+(-1)^2}}=\dfrac{7}{\sqrt{145}}$$

이때, 삼각형 ABC가 정삼각형이므로 한 변의 길이를 a라 하면

$$a:h=2:\sqrt{3} \qquad \therefore a=\dfrac{2}{\sqrt{3}}h=\dfrac{14}{\sqrt{435}}$$

따라서 삼각형 ABC의 넓이의 최솟값 S는

$$S=\dfrac{\sqrt{3}}{4}a^2=\dfrac{\sqrt{3}}{4}\times\dfrac{14^2}{435}=\dfrac{49\sqrt{3}}{435}$$

이므로 $p=435$, $q=49$

$$\therefore p+q=484 \qquad\qquad \text{답 484}$$

05

ㄱ. $2x^2=-x^2+2x-a$에서 $3x^2-2x+a=0$
두 곡선이 만나지 않으므로 이 방정식은 실근을 갖지 않는다.
따라서 이차방정식 $3x^2-2x+a=0$의 판별식을 D라 할 때,

$$\dfrac{D}{4}=1-3a<0 \qquad \therefore a>\dfrac{1}{3}\ \text{(참)}$$

ㄴ. $f(x)=2x^2$이라 하면 $f'(x)=4x$이므로 곡선 C_1 위의 점 $(t,\ 2t^2)$에서의 접선의 방정식은

$$y-2t^2=4t(x-t) \qquad \therefore y=4tx-2t^2$$

이 직선이 곡선 C_2에 접하려면 x에 대한 방정식
$-x^2+2x-a=4tx-2t^2$이 중근을 가져야 한다.
즉, 이차방정식 $x^2+2(2t-1)x+a-2t^2=0$의 판별식을 D_1이라 할 때,

$$\dfrac{D_1}{4}=(2t-1)^2-(a-2t^2)$$
$$=6t^2-4t+1-a=0 \qquad\qquad \cdots\cdots\ \text{㉠}$$

$$\therefore a=6t^2-4t+1\ \text{(참)}$$

ㄷ. 두 곡선 C_1, C_2에 모두 접하는 두 직선을 각각 l, m이라 하고, 두 직선 l, m이 곡선 C_1과 접하는 점의 x좌표를 각각 t_1, t_2라 하면 t_1, t_2는 t에 대한 이차방정식 ㉠의 해이므로 근과 계수의 관계에 의하여

$$t_1t_2=\dfrac{1-a}{6} \qquad\qquad \cdots\cdots\ \text{㉡}$$

두 직선 l, m이 서로 수직이므로 기울기의 곱은 -1이다.
즉, $(4t_1)\times(4t_2)=-1$이므로

$$t_1t_2=-\dfrac{1}{16} \qquad\qquad \cdots\cdots\ \text{㉢}$$

㉡, ㉢에서

$$\dfrac{1-a}{6}=-\dfrac{1}{16} \qquad \therefore a=\dfrac{11}{8}\ \text{(거짓)}$$

따라서 옳은 것은 ㄱ, ㄴ이다. $\qquad\qquad \text{답 ③}$

06

$y=x^3-ax^2$에서 $y'=3x^2-2ax$
접선의 기울기가 m이므로 $y'=m$에서

$$3x^2-2ax=m \qquad \therefore 3x^2-2ax-m=0 \qquad \cdots\cdots\ \text{㉠}$$

두 점 P, Q의 x좌표를 각각 α, β라 하면 α, β는 이차방정식 ㉠의 서로 다른 두 실근이므로 근과 계수의 관계에 의하여

$$\alpha+\beta=\dfrac{2a}{3},\ \alpha\beta=-\dfrac{m}{3} \qquad\qquad \cdots\cdots\ \text{㉡}$$

기울기가 m으로 같은 두 접선은 서로 평행하므로 두 접선 사이의 거리와 선분 PQ의 길이가 같아지려면 두 접점 $P(\alpha,\ \alpha^3-a\alpha^2)$, $Q(\beta,\ \beta^3-a\beta^2)$을 지나는 직선과 접선이 서로 수직이어야 한다.
따라서 $m\times\dfrac{(\beta^3-a\beta^2)-(\alpha^3-a\alpha^2)}{\beta-\alpha}=-1$이므로

$$m\times\dfrac{(\beta^3-\alpha^3)-a(\beta^2-\alpha^2)}{\beta-\alpha}=-1$$

$$m\times\{(\beta^2+\alpha\beta+\alpha^2)-a(\beta+\alpha)\}=-1$$

$$m\times\{(\alpha+\beta)^2-\alpha\beta-a(\alpha+\beta)\}=-1$$

위 식에 ㉡을 대입하면

$$m\times\left\{\left(\dfrac{2a}{3}\right)^2-\left(-\dfrac{m}{3}\right)-a\times\dfrac{2a}{3}\right\}=-1$$

$$m\times\left(\dfrac{m}{3}-\dfrac{2a^2}{9}\right)=-1$$

$$3m^2-2a^2m+9=0 \qquad\qquad \cdots\cdots\ \text{㉢}$$

실수 m의 값이 오직 하나 존재하므로 m에 대한 이차방정식 ㉢의 판별식을 D라 하면

$$\dfrac{D}{4}=(a^2)^2-27=0,\ a^4=27$$

$$\therefore a^2=3\sqrt{3}$$

이것을 ㉢에 대입하면 $3m^2-6\sqrt{3}m+9=0$, $m=\sqrt{3}$

$$\therefore a^2+m^2=3\sqrt{3}+(\sqrt{3})^2=3+3\sqrt{3} \qquad \text{답 ②}$$

07

$y=x^3-3x^2$에서 $y'=3x^2-6x$
접점의 좌표를 $(t,\ t^3-3t^2)$으로 놓으면 이 점에서의 접선의 기울기는 $3t^2-6t$이므로 접선의 방정식은

$$y=(3t^2-6t)(x-t)+t^3-3t^2$$
$$\therefore y=(3t^2-6t)x-2t^3+3t^2$$
이 직선이 점 $(n, 0)$을 지나므로
$$0=(3t^2-6t)n-2t^3+3t^2$$
$$2t^3-3(n+1)t^2+6nt=0$$
$$t\{2t^2-3(n+1)t+6n\}=0$$
n이 자연수이므로 $t=0$은 이차방정식 $2t^2-3(n+1)t+6n=0$의
근이 될 수 없다.
따라서 이차방정식 $2t^2-3(n+1)t+6n=0$의 서로 다른 실근의
개수에 1을 더한 값이 접선의 개수 a_n이 된다.
이차방정식 $2t^2-3(n+1)t+6n=0$의 판별식을 D라 하면
$$D=9(n+1)^2-4\times2\times6n=9n^2-30n+9$$
(i) $D>0$일 때
$$9n^2-30n+9>0,\ 3n^2-10n+3>0$$
$$(3n-1)(n-3)>0$$
$$\therefore n>3\ (\because n\text{은 자연수})$$
$$\therefore a_n=3\ (n\geq4)$$
(ii) $D=0$일 때
$$9n^2-30n+9=0,\ 3n^2-10n+3=0$$
$$(3n-1)(n-3)=0$$
$$\therefore n=3\ (\because n\text{은 자연수})$$
$$\therefore a_n=2\ (n=3)$$
(iii) $D<0$일 때
$$9n^2-30n+9<0,\ 3n^2-10n+3<0$$
$$(3n-1)(n-3)<0$$
즉, $\dfrac{1}{3}<n<3$이고 n은 자연수이므로 $n=1,\ 2$
$$\therefore a_n=1\ (n=1,\ 2)$$
(i)~(iii)에 의하여
$$\sum_{n=1}^{10}a_n=1\times2+2+3\times7=25$$ **답 ③**

08
곡선 $y=x^2-2x$와 직선 $y=mx\ (m\neq-2)$의 교점의 x좌표를 구
하면 $x^2-2x=mx$에서
$$x(x-2-m)=0$$
$$\therefore x=0\ \text{또는}\ x=m+2$$
$$\therefore \text{O}(0,\ 0),\ \text{P}(m+2,\ m^2+2m)\qquad \cdots\cdots\ \text{㉠}$$
한편, $f(x)=x^2-2x$라 하면 $f'(x)=2x-2$이므로
점 O에서의 접선의 방정식은
$$y=-2x\qquad \cdots\cdots\ \text{㉡}$$
또한 점 P에서의 접선의 방정식은
$$y-(m^2+2m)=(2m+2)(x-m-2)$$
$$\therefore y=2(m+1)x-(m+2)^2\qquad \cdots\cdots\ \text{㉢}$$
㉡을 ㉢에 대입하면
$$-2x=2(m+1)x-(m+2)^2$$
$$2(m+2)x=(m+2)^2$$
두 접선의 교점의 x좌표가 3이므로 위의 방정식의 근은 $x=3$이다.
이때, $m\neq-2$이므로

$$x=\frac{m+2}{2}=3\qquad \cdots\cdots\ \text{㉣}$$
ㄱ. ㉣에서 $m+2=6$이므로 $m=4$이다. (참)
ㄴ. ㉠에 $m=4$를 대입하면
　점 P$(6, 24)$이므로 $a=6,\ b=24$
$$\therefore a+b=6+24=30\ (\text{참})$$
ㄷ. 직선 OP의 기울기와 곡선 $y=x^2-2x$ 위의 점
　Q$(q,\ q^2-2q)$에서의 접선의 기울기가 같으므로
$$\frac{24}{6}=2q-2\text{에서}\ q=3$$
즉, 점 Q$(3, 3)$이므로 오른쪽 그림에서
$\overline{\text{QH}}$는 직선 OP, 즉 $4x-y=0$과
점 Q$(3, 3)$ 사이의 거리이다.
$$\therefore \overline{\text{QH}}=\frac{|4\times3-3|}{\sqrt{4^2+(-1)^2}}=\frac{9}{\sqrt{17}}$$
또한 $\overline{\text{OP}}=\sqrt{6^2+24^2}=6\sqrt{17}$이므로
삼각형 OPQ의 넓이는
$$\frac{1}{2}\times\overline{\text{OP}}\times\overline{\text{QH}}=\frac{1}{2}\times6\sqrt{17}\times\frac{9}{\sqrt{17}}$$
$$=27\ (\text{참})$$

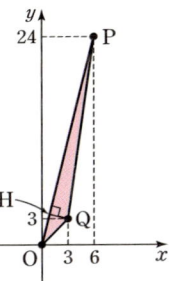

따라서 옳은 것은 ㄱ, ㄴ, ㄷ이다. **답 ⑤**

09
ㄱ. $h(x)=f(x)-x$라 하면 함수 $h(x)$는 닫힌구간 $[0, 3]$에서
　연속이고,
$$h(0)=f(0)-0=1>0,\ h(3)=f(3)-3=-1<0$$
　이므로 사잇값의 정리에 의하여
$$h(a)=0,\ \text{즉}\ f(a)=a$$
　인 a가 열린구간 $(0, 3)$에 적어도 하나 존재한다. (참)
ㄴ. 함수 $f(x)$가 미분가능한 함수이므로 닫힌구간 $[0, 4]$에서 연
　속이고 열린구간 $(0, 4)$에서 미분가능하다.
　따라서 평균값 정리에 의하여
$$\frac{f(4)-f(0)}{4-0}=f'(b)$$
　인 b가 열린구간 $(0, 4)$에 적어도 하나 존재한다.
$$\frac{f(4)-f(0)}{4-0}=\frac{4-1}{4-0}=\frac{3}{4}$$
　이므로 $f'(b)=\dfrac{3}{4}$인 b가 열린구간 $(0, 4)$에 적어도 하나 존재
　한다. (참)
ㄷ. 함수 $f(x)$가 미분가능한 함수이므로
$$g(x)=\{f(x)\}^2-x^2\text{도 미분가능하다.}\ \text{즉, 함수}\ g(x)\text{는 닫힌}$$
　구간 $[3, 4]$에서 연속이고 열린구간 $(3, 4)$에서 미분가능하므
　로 평균값 정리에 의하여
$$\frac{g(4)-g(3)}{4-3}=g'(c)$$
　인 c가 열린구간 $(3, 4)$에 적어도 하나 존재한다.
　즉, $g'(c)=5$인 c가 열린구간 $(0, 4)$에 적어도 하나 존재한다.
　(참)
따라서 옳은 것은 ㄱ, ㄴ, ㄷ이다. **답 ⑤**

03 도함수의 활용 (2)

01

$f'(x)=3x^2+2ax+a-1$이므로 곡선 $y=f(x)$ 위의 점 $(t, f(t))$에서의 접선의 방정식은

$y-\{t^3+at^2+(a-1)t\}=(3t^2+2at+a-1)(x-t)$

$\therefore y=(3t^2+2at+a-1)x-2t^3-at^2$

$x=0$일 때, $y=g(t)$이므로

$g(t)=-2t^3-at^2$

함수 $g(t)$가 닫힌구간 $[1, 2]$에서 감소하려면 $1 \le t \le 2$에서 $g'(t) \le 0$이어야 한다.

$g'(t)=-6t^2-2at$

$\qquad =-6\left(t+\dfrac{a}{6}\right)^2+\dfrac{a^2}{6}$

이므로

(i) $1 \le -\dfrac{a}{6} \le 2$, 즉 $-12 \le a \le -6$일 때,

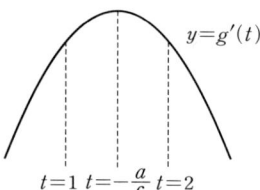

$g'\left(-\dfrac{a}{6}\right)=\dfrac{a^2}{6} \le 0$이어야 하므로 $a=0$

그런데 $-12 \le a \le -6$이므로 조건을 만족시키는 a의 값은 존재하지 않는다.

(ii) $-\dfrac{a}{6}<1$, 즉 $a>-6$일 때,

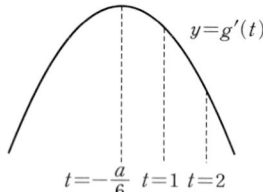

$g'(1)=-6-2a \le 0$이어야 하므로 $a \ge -3$

(iii) $-\dfrac{a}{6}>2$, 즉 $a<-12$일 때,

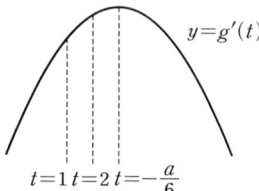

$g'(2)=-24-4a \le 0$이어야 하므로 $a \ge -6$

그런데 $a<-12$이므로 조건을 만족시키는 a의 값은 존재하지 않는다.

(i)~(iii)에 의하여 조건을 만족시키는 실수 a의 값의 범위는

$a \ge -3$ **답** ⑤

02

조건 (개)에서 함수 $g(x)$는 $f(x)$의 역함수이다. 이때, 역함수가 존재하기 위한 필요충분조건이 일대일대응이므로 삼차항의 계수가 음수인 삼차함수 $f(x)$는 모든 실수 x에서 감소해야 한다.

즉, 모든 실수 x에 대하여 $f'(x)=-x^2+2a^2x+a \le 0$이어야 한다.

이차방정식 $-x^2+2a^2x+a=0$의 판별식을 D라 하면

$\dfrac{D}{4}=a^4+a \le 0$, $a(a+1)(a^2-a+1) \le 0$

이때, $a^2-a+1>0$이므로 $a(a+1) \le 0$

$\therefore -1 \le a \le 0$ $\cdots\cdots$ ㉠

조건 (내)에서 $g(-1)=3$이고 함수 $g(x)$는 $f(x)$의 역함수이므로

$f(3)=-1$

즉, $-9+9a^2+3a+2=-1$이므로

$9a^2+3a-6=0$, $3a^2+a-2=0$

$(a+1)(3a-2)=0$

$\therefore a=-1 \ (\because ㉠)$

따라서 $f(x)=-\dfrac{1}{3}x^3+x^2-x+2$이므로

$f(1)=-\dfrac{1}{3}+1-1+2=\dfrac{5}{3}$

/ **보충 설명** /

이차부등식이 항상 성립할 조건

(1) 모든 실수 x에 대하여 이차부등식 $ax^2+bx+c>0$이 성립하려면 $a>0$, $b^2-4ac<0$

(2) 모든 실수 x에 대하여 이차부등식 $ax^2+bx+c<0$이 성립하려면 $a<0$, $b^2-4ac<0$ **답** ①

03

조건 (개)에 의하여 $f'(1)=0$, $f(1)=\dfrac{7}{2}$

조건 (내)에서 곡선 $y=f(x)$가 점 $(0, 1)$을 지나고 이 점에서의 접선의 기울기가 6이므로

$f'(0)=6$, $f(0)=1$

$f(x)=ax^3+bx^2+cx+1$ (a, b, c는 상수)라 하면

$f'(x)=3ax^2+2bx+c$

$f'(0)=6$에서 $c=6$

$f'(1)=0$에서 $3a+2b+c=0$

$\therefore 3a+2b=-6$ $\cdots\cdots$ ㉠

$f(1)=\dfrac{7}{2}$에서 $a+b+c+1=\dfrac{7}{2}$

$\therefore a+b=-\dfrac{7}{2}$ $\cdots\cdots$ ㉡

㉠, ㉡을 연립하여 풀면

$a=1$, $b=-\dfrac{9}{2}$

따라서 $f(x)=x^3-\dfrac{9}{2}x^2+6x+1$이다.

$f'(x)=3x^2-9x+6=3(x-1)(x-2)$

$f'(x)=0$에서 $x=1$ 또는 $x=2$

함수 $f(x)$가 $x=1$에서 극댓값을 가지므로 극솟값은

$f(2)=2^3-\dfrac{9}{2}\times2^2+6\times2+1=3$ **답** 3

04

조건 ㈎에서 $f(x)$는 최고차항의 계수가 2인 삼차함수이다. 따라서 $f'(x)$는 최고차항의 계수가 6인 이차함수이다.
조건 ㈏에서 $f'(1)=0$, $f'(3)=0$이므로
$f'(x)=6(x-1)(x-3)$

$\therefore \displaystyle\lim_{h\to0}\dfrac{f(2+h)-f(2-2h)}{h}$

$=\displaystyle\lim_{h\to0}\left\{\dfrac{f(2+h)-f(2)}{h}+\dfrac{f(2-2h)-f(2)}{-2h}\times2\right\}$

$=f'(2)+2f'(2)$

$=3f'(2)$

$=3\times6\times1\times(-1)=-18$ **답** ②

05

열린구간 $(0,\ 3)$에서 함수 $f(x)$가 극댓값과 극솟값을 모두 가지려면 열린구간 $(0,\ 3)$에서 함수 $y=f'(x)$의 그래프가 x축과 서로 다른 두 점에서 만나야 한다.
$f'(x)=-3x^2+12x+a$
$\qquad\ \ =-3(x-2)^2+a+12$

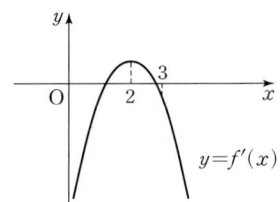

이차함수 $f'(x)$의 그래프의 축이 직선 $x=2$이므로 함수 $y=f'(x)$의 그래프가 열린구간 $(0,\ 3)$에서 x축과 서로 다른 두 점에서 만나려면 $f'(2)>0$, $f'(0)<0$, $f'(3)<0$이어야 한다.
$f'(2)=a+12>0$에서 $a>-12$
$f'(0)=-3\times(-2)^2+a+12<0$에서 $a<0$
$f'(3)=-3\times1^2+a+12<0$에서 $a<-9$
$\therefore -12<a<-9$
따라서 조건을 만족시키는 정수 a는 -11, -10이므로 그 합은 -21이다.   **답** ③

06

$f(x)=-x^3+2x^2+5x$에서
$f'(x)=-3x^2+4x+5$
$f'(-1)=-2$이므로 점 $A(-1,\ -2)$에서의 접선의 방정식은
$y-(-2)=-2(x+1)$ $\therefore y=-2x-4$
$\therefore g(x)=-2x-4$
곡선 $y=f(x)$와 직선 $y=g(x)$의 교점의 x좌표는 방정식 $f(x)=g(x)$의 실근과 같으므로
$-x^3+2x^2+5x=-2x-4$에서
$x^3-2x^2-7x-4=0$, $(x+1)^2(x-4)=0$
$\therefore x=-1$ 또는 $x=4$

이때, 곡선 $y=f(x)$와 직선 $y=g(x)$의 교점 $B(a,\ b)$에서
$a\ne-1$이므로 $a=4$
$g(4)=-2\times4-4=-12$이므로 $b=-12$
$h(x)=f(x)-g(x)$라 하면
$h(x)=-x^3+2x^2+5x-(-2x-4)$
$\qquad\ \ =-x^3+2x^2+7x+4$
$\therefore h'(x)=-3x^2+4x+7$
$\qquad\ \ \ \ \ =-(x+1)(3x-7)$
$h'(x)=0$에서 $x=-1$ 또는 $x=\dfrac{7}{3}$
함수 $h(x)$의 증가와 감소를 표로 나타내면 다음과 같다.

x	$\cdots$	-1	$\cdots$	$\dfrac{7}{3}$	$\cdots$
$h'(x)$	$-$	0	$+$	0	$-$
$h(x)$	$\searrow$	극소	$\nearrow$	극대	$\searrow$

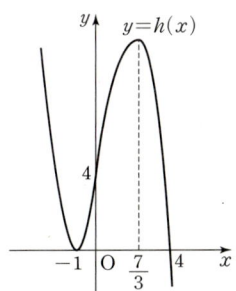

따라서 함수 $y=h(x)$의 그래프는 위의 그림과 같으므로 함수 $h(x)$는 $x=\dfrac{7}{3}$에서 극댓값을 갖는다.

$\therefore k=\dfrac{7}{3}$

$\therefore a+b+k=4-12+\dfrac{7}{3}=-\dfrac{17}{3}$ **답** ③

07

ㄱ. $g(x)=f(a)+(b-a)f'(x)$이므로
$\quad g(x)=f(a)$에서
$\quad f(a)+(b-a)f'(x)=f(a)$
$\quad \therefore (b-a)f'(x)=0$

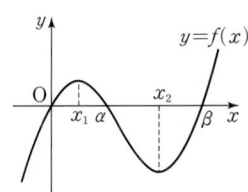

위의 그림에서 함수 $f(x)$는 $x=x_1$에서 극대, $x=x_2$에서 극소이므로
$\quad f'(x_1)=0$, $f'(x_2)=0$
따라서 $b-a>0$이고, 방정식 $f'(x)=0$의 두 근이 x_1, x_2이므로 x에 대한 방정식 $g(x)=f(a)$는 서로 다른 두 실근을 갖는다. (참)
ㄴ. $h(x)=g(x)-f(a)=(b-a)f'(x)$라 하면
$\quad h(a)=g(a)-f(a)=(b-a)f'(a)$
$\quad b-a>0$이고, $a<0$에서 $f'(a)>0$이므로 $h(a)>0$

$\therefore f(a) < g(a)$ (참)

ㄷ. $b-a > 0$이고,

$h(x) = g(x) - f(a) = (b-a)f'(x)$에서

$h(b) = g(b) - f(a) = (b-a)f'(b)$

b가 α와 극솟값을 갖는 x_2 사이에 존재하면

$f'(b) < 0$

b가 극솟값을 갖는 x_2와 β 사이에 존재하면

$f'(b) > 0$

즉, b의 값에 따라 $h(b)$의 부호가 달라지므로 $f(a) < g(b)$라 할 수 없다. (거짓)

따라서 옳은 것은 ㄱ, ㄴ이다.　　　　　　　　　　　　　**답** ③

심화 유형 도전하기　　　　　　　　　　　　본문 29 ~ 31쪽

01 ②　　**02** 3　　**03** 24　　**04** ①　　**05** ④　　**06** ④

07 ②　　**08** 28　　**09** ⑤

01

$f(x) = x^3 + ax^2 + bx + c$ (a, b, c는 상수)라 하면

$f'(x) = 3x^2 + 2ax + b$

이차방정식 $3x^2 + 2ax + b = 0$의 두 근이 1, α $(\alpha > 1)$이므로 근과 계수의 관계에 의하여

$1 + \alpha = -\dfrac{2a}{3}$, $1 \times \alpha = \dfrac{b}{3}$

$\therefore a = -\dfrac{3}{2}(1+\alpha)$, $b = 3\alpha$ 　　　　　　　……㉠

두 점 $A(1, 1+a+b+c)$, $B(\alpha, \alpha^3 + a\alpha^2 + b\alpha + c)$를 지나는 직선의 기울기는

$\dfrac{(\alpha^3 + a\alpha^2 + b\alpha + c) - (1+a+b+c)}{\alpha - 1}$

$= \dfrac{(\alpha^3 - 1) + a(\alpha^2 - 1) + b(\alpha - 1)}{\alpha - 1}$

$= \alpha^2 + \alpha + 1 + a(\alpha + 1) + b$

$= \alpha^2 + \alpha + 1 - \dfrac{3}{2}(\alpha+1)^2 + 3\alpha$ ($\because$ ㉠)

$= -\dfrac{1}{2}\alpha^2 + \alpha - \dfrac{1}{2}$

이때, 이 직선의 기울기가 -2이므로

$-\dfrac{1}{2}\alpha^2 + \alpha - \dfrac{1}{2} = -2$

$\alpha^2 - 2\alpha - 3 = 0$

$(\alpha - 3)(\alpha + 1) = 0$

$\therefore \alpha = 3$ ($\because \alpha > 1$)

이것을 ㉠에 대입하면 $a = -6$, $b = 9$

따라서 $f(x) = x^3 - 6x^2 + 9x + c$이므로 극댓값과 극솟값의 차는

$f(1) - f(3) = (1-6+9+c) - (27-54+27+c)$
　　　　　　$= 4$ 　　　　　　　　　　　　　　　**답** ②

02

$g(x) = |f(x) - f(2)|$에서

$g(x) = \begin{cases} f(x) - f(2) & (f(x) \geq f(2)) \\ -f(x) + f(2) & (f(x) < f(2)) \end{cases}$

$g'(x) = \begin{cases} f'(x) & (f(x) > f(2)) \\ -f'(x) & (f(x) < f(2)) \end{cases}$

조건 (가)에서 함수 $g(x)$는 $x=2$에서 미분가능하므로

$f'(2) = -f'(2)$

$\therefore f'(2) = 0$ 　　　　　　　　　　　　　……㉠

조건 (나)에서 함수 $g(x)$는 $x=0$에서 극값 4를 가지고 $f(0)=0$이므로 $g(0) = |f(0) - f(2)| = 4$에서

$f(2) = 4$ 또는 $f(2) = -4$

또한 함수 $g(x)$가 $x=0$에서 0이 아닌 극값을 가지므로 함수 $f(x)$는 $x=0$에서 극댓값 또는 극솟값을 가진다.

$\therefore f'(0) = 0$ 　　　　　　　　　　　　……㉡

$f(x) = x^4 + ax^3 + bx^2 + cx$ (a, b, c는 상수)라 하면

$f'(x) = 4x^3 + 3ax^2 + 2bx + c$

㉠, ㉡에서

$f'(0) = c = 0$

$f'(2) = 32 + 12a + 4b = 0$　　$\therefore 3a + b = -8$ 　……㉢

(i) $f(2) = 4$일 때,

$f(2) = 16 + 8a + 4b = 4$이므로

$2a + b = -3$ 　　　　　　　　　　　　……㉣

㉢, ㉣을 연립하여 풀면

$a = -5$, $b = 7$

즉, $f(x) = x^4 - 5x^3 + 7x^2$이므로

$f(1) = 1 - 5 + 7 = 3$

(ii) $f(2) = -4$일 때,

$f(2) = 16 + 8a + 4b = -4$이므로

$2a + b = -5$ 　　　　　　　　　　　　……㉤

㉢, ㉤을 연립하여 풀면

$a = -3$, $b = 1$

즉, $f(x) = x^4 - 3x^3 + x^2$이므로

$f(1) = 1 - 3 + 1 = -1$

(i), (ii)에서 $f(1)$의 최댓값은 3이다.　　　　　**답** 3

03

$g'(x) = \begin{cases} f'(x) & (f(x) > 2x) \\ 2 & (f(x) < 2x) \end{cases}$에서 함수 $g(x)$는

$f(x) \neq 2x$인 모든 실수 x에서 미분가능하다.

조건 (나)에서 함수 $g(x)$가 $x=2$에서 미분가능하지 않으므로

$f(2) = 4$, $f'(2) \neq 2$

또한 $f(0) = 0$이므로 곡선 $y = f(x)$와 직선 $y = 2x$는 $x=0$, $x=2$에서 만난다.

따라서 함수 $y = f(x)$의 그래프는 다음과 같이 나누어 생각해 볼 수 있다.

(i) 곡선 $y = f(x)$와 직선 $y = 2x$가 세 점에서 만나는 경우

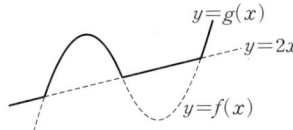

위의 경우 함수 $g(x)$가 극값을 가지므로 조건 ㈎를 만족시키지 않는다.

(ii) 곡선 $y=f(x)$와 직선 $y=2x$가 두 점에서 만나는 경우

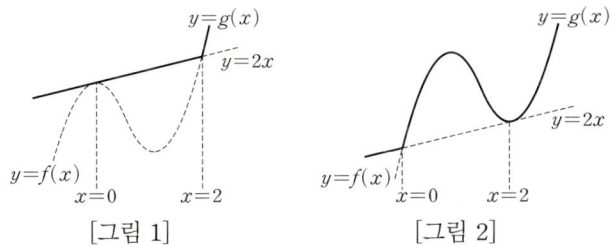

[그림 1]   [그림 2]

[그림 1]의 경우 함수 $g(x)$가 극값을 갖지 않으므로 조건 ㈎를 만족시킨다.

또한 곡선 $y=f(x)$와 직선 $y=2x$가 $x=0$, $x=2$일 때 만나고 함수 $g(x)$가 $x=2$에서 미분가능하지 않으려면 [그림 1]의 경우와 같아야 한다.

따라서 곡선 $y=f(x)$와 직선 $y=2x$가 $x=0$에서 접하고 $x=2$에서 만나므로

$$f(x)-2x=2x^2(x-2)$$
$$\therefore f(x)=2x^2(x-2)+2x$$
$$\therefore f(3)=2\times 3^2\times 1+2\times 3=24$$

답 24

04

$f(x)=x^3+3x^2-9x-4$에서
$f'(x)=3x^2+6x-9=3(x+3)(x-1)$
$f'(x)=0$에서 $x=-3$ 또는 $x=1$
함수 $f(x)$의 증가와 감소를 표로 나타내면 다음과 같다.

x	$\cdots$	-3	$\cdots$	1	$\cdots$
$f'(x)$	$+$	0	$-$	0	$+$
$f(x)$	↗	극대	↘	극소	↗

함수 $f(x)$는 $x=-3$에서 극댓값 $f(-3)=23$, $x=1$에서 극솟값 $f(1)=-9$를 가지므로 $y=f(x)$의 그래프는 다음 그림과 같다.

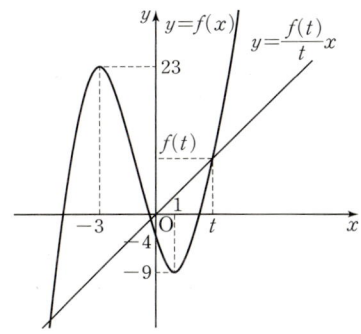

$y=\dfrac{f(t)}{t}x$는 원점과 점 $(t, f(t))$를 지나는 직선이므로 위의 그림과 같다.

원점에서 곡선 $y=f(x)$에 그은 접선의 접점의 x좌표를 α라 하고, 이 접선과 곡선 $y=f(x)$가 만나는 접점이 아닌 점의 x좌표를 β라 하자.

$t>\beta$일 때 $g(t)=3$이고, $t=\beta$일 때 $g(t)=2$이므로 함수 $g(t)$가 구간 (α, ∞)에서 연속이기 위한 a의 최솟값은 β이다.

접점의 좌표가 $(\alpha, \alpha^3+3\alpha^2-9\alpha-4)$이고, 접선의 기울기는 $f'(\alpha)=3\alpha^2+6\alpha-9$이므로 접선의 방정식은

$$y=(3\alpha^2+6\alpha-9)(x-\alpha)+\alpha^3+3\alpha^2-9\alpha-4$$

이 접선이 원점을 지나므로

$$0=-3\alpha^3-6\alpha^2+9\alpha+\alpha^3+3\alpha^2-9\alpha-4$$
$$2\alpha^3+3\alpha^2+4=0$$
$$(\alpha+2)(2\alpha^2-\alpha+2)=0$$
$$\therefore \alpha=-2 \ (\because 2\alpha^2-\alpha+2>0)$$

따라서 원점에서 곡선 $y=f(x)$에 그은 접선의 방정식은

$$y=-9x$$

곡선 $y=f(x)$와 직선 $y=-9x$의 교점의 x좌표를 구하면
$x^3+3x^2-9x-4=-9x$에서
$x^3+3x^2-4=0$, $(x-1)(x+2)^2=0$
이 방정식의 근이 $x=\alpha$ 또는 $x=\beta$이고 $\alpha=-2$이므로 $\beta=1$
따라서 $m=1$이므로
$f(m)=f(1)=1+3-9-4=-9$

답 ①

05

ㄱ. $y=f(x)-2$의 그래프는 $y=f(x)$의 그래프를 y축의 방향으로 -2만큼 평행이동한 것이므로 함수 $y=|f(x)-2|$의 그래프는 다음 그림과 같다.

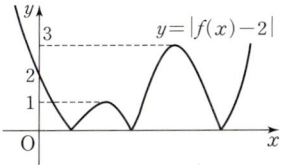

위의 그림에서 $a_2=1+3=4$, $b_2=0+0+0=0$이므로
$a_2+b_2=4$ (참)

ㄴ. $y=f(x)-k$의 그래프는 $y=f(x)$의 그래프를 y축의 방향으로 $-k$만큼 평행이동한 것이므로 $k\geq 3$일 때 함수 $y=|f(x)-k|$의 그래프는 다음 그림과 같다.

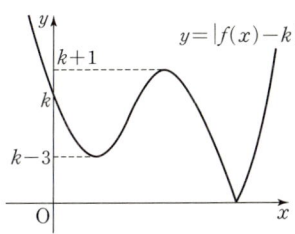

위의 그림에서 $a_k=k+1 \ (k\geq 3)$이므로

$$\sum_{k=1}^{10} a_k=a_1+a_2+\sum_{k=3}^{10}(k+1)$$
$$=4+4+\frac{8(4+11)}{2}$$
$$=4+4+60=68 \ (거짓)$$

ㄷ. ㄴ의 그림에서 $b_k=k-3$ $(k\geq3)$이므로
$a_k+b_k=2k-2$ $(k\geq3)$
$\therefore \sum\limits_{k=1}^{20}(a_k+b_k)=(a_1+b_1)+(a_2+b_2)+\sum\limits_{k=3}^{20}(2k-2)$
$=4+4+\dfrac{18(4+38)}{2}$
$=4+4+378=386$ (참)
따라서 옳은 것은 ㄱ, ㄷ이다. **답 ④**

06

ㄱ. 조건 ㈎에 의하여 함수 $g(x)=f(x+4)-k$이므로 함수
$y=g(x)$의 그래프는 함수 $y=f(x)$의 그래프를 x축의 방향
으로 -4만큼, y축의 방향으로 $-k$만큼 평행이동한 것이다.
그런데 조건 ㈐에서 함수 $g(x)$가 $x=4$에서 극값 0을 가지므
로 함수 $f(x)$는 $x=8$에서 극값 k를 갖는다.
따라서 조건 ㈏에 의하여 최고차항의 계수가 양수인 삼차함수
$f(x)$는 $x=3$에서 극댓값 0을 갖고, $x=8$에서 극솟값 k를 갖
는다.
삼차함수 $f(x)$의 극솟값은 극댓값보다 작으므로
$k<0$ (참)

ㄴ. ㄱ에서 함수 $f(x)$가 $x=3$에서 극댓값 0을 가지므로 함수
$g(x)$는 $x=-1$에서 극댓값 $-k$를 갖는다. 또한 함수 $f(x)$
는 $x=8$에서 극솟값 k를 가지므로 함수 $f(x)$의 극솟값과 함
수 $g(x)$의 극댓값의 합은 $k+(-k)=0$이다. (거짓)

ㄷ. 다음 그림과 같이 두 함수 $y=f(x)$, $y=g(x)$의 그래프는 서
로 만나지 않는다. (참)

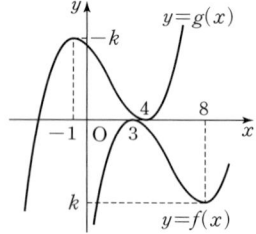

따라서 옳은 것은 ㄱ, ㄷ이다. **답 ④**

07

$f(x)g(x)=(x-1)^2(x-2)^2(x-k)^2$ $\cdots\cdots$ ㉠
에서 방정식 $f(x)g(x)=0$, 즉 $f(x)=0$ 또는 $g(x)=0$의 모든
실근이 $x=1$ 또는 $x=2$ 또는 $x=k$이다.
이때, 최고차항의 계수가 양수인 삼차함수 $g(x)$가 $x=2$에서 극댓
값 2를 가지려면 곡선 $y=g(x)$는 다음 그림과 같아야 한다.

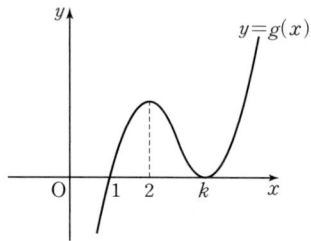

따라서 ㉠으로부터
$g(x)=a(x-1)(x-k)^2$ (단, $a>0$),

$f(x)=\dfrac{1}{a}(x-1)(x-2)^2$
으로 놓을 수 있다.
$g'(x)=a(x-k)^2+2a(x-1)(x-k)$
$=a(x-k)(3x-k-2)$
$g'(2)=0$이고 $k>2$이므로
$\dfrac{k+2}{3}=2$, $k=4$
$\therefore g(x)=a(x-1)(x-4)^2$
$g(2)=2$이므로
$a(2-4)^2=2$, $a=\dfrac{1}{2}$
$\therefore f(x)=2(x-1)(x-2)^2$, $g(x)=\dfrac{1}{2}(x-1)(x-4)^2$
방정식 $f(x)=g(x)$에서
$2(x-1)(x-2)^2=\dfrac{1}{2}(x-1)(x-4)^2$
$(x-1)\{4(x-2)^2-(x-4)^2\}=0$
$x(x-1)(3x-8)=0$
$\therefore x=0$ 또는 $x=1$ 또는 $x=\dfrac{8}{3}$

따라서 가장 큰 실근 a는 $\dfrac{8}{3}$이다.
이때, $f'(x)=2(x-2)^2+4(x-1)(x-2)$이므로
$f'(a)=f'\left(\dfrac{8}{3}\right)$
$=2\left(\dfrac{2}{3}\right)^2+4\times\dfrac{5}{3}\times\dfrac{2}{3}$
$=\dfrac{8}{9}+\dfrac{40}{9}=\dfrac{16}{3}$ **답 ②**

08

최고차항의 계수가 1인 사차함수 $f(x)$가 모든 실수 x에 대하여
$f(-x)=f(x)$를 만족시키므로
$f(x)=x^4+bx^2+c$ (b, c는 상수)라 하면
$f'(x)=4x^3+2bx$
점 $(0, a)$에서 곡선 $y=f(x)$에 그은 접선의 접점의 좌표를
(t, t^4+bt^2+c)라 하면 $f'(t)=4t^3+2bt$이므로 접선의 방정식은
$y=(4t^3+2bt)(x-t)+t^4+bt^2+c$
이 접선이 점 $(0, a)$를 지나므로
$a=(4t^3+2bt)\times(-t)+t^4+bt^2+c$
$=-3t^4-bt^2+c$ $\cdots\cdots$ ㉠
이때, 접선의 개수는 t에 대한 사차방정식 ㉠의 서로 다른 실근의
개수와 같다.
$h(t)=-3t^4-bt^2+c$라 하면
$h'(t)=-12t^3-2bt=-2t(6t^2+b)$
$b\geq0$이면 사차함수 $h(t)$가 극값을 오직 하나 가지므로 함수 $g(a)$
가 불연속인 점이 오직 하나이다.
문제의 조건에서 불연속점은 두 개이므로 $b<0$이어야 한다.
$h'(t)=0$에서 $t=-\sqrt{-\dfrac{b}{6}}$ 또는 $t=0$ 또는 $t=\sqrt{-\dfrac{b}{6}}$
함수 $h(t)$가 극댓값 두 개와 극솟값 한 개를 갖고 함수 $g(a)$가

$a=1$, $a=4$에서만 불연속이므로 함수 $y=h(t)$의 그래프는 다음 그림과 같다.

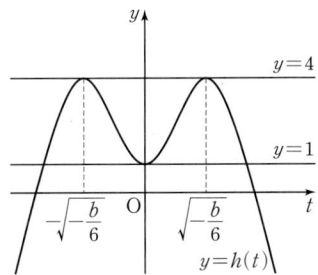

$h(0)=c$에서 $c=1$

$h\left(\sqrt{-\dfrac{b}{6}}\right)=\dfrac{b^2}{12}+c=4$에서 $b^2=36$

$\therefore b=-6$ ($\because b<0$)

따라서 $f(x)=x^4-6x^2+1$이므로

$f(3)=81-54+1=28$ 답 28

09

ㄱ. $h(x)=f(x)-f(x-p)$에서

$h'(x)=f'(x)-f'(x-p)$

함수 $g(x)=\begin{cases} f(x) & (x<0) \\ f(x-p) & (x\geq0) \end{cases}$이 $x=0$에서 연속이므로

$\displaystyle\lim_{x\to0+}g(x)=\lim_{x\to0-}g(x)=g(0)$에서

$\displaystyle\lim_{x\to0+}f(x-p)=\lim_{x\to0-}f(x)=f(-p)$, $f(0)=f(-p)$

$\therefore h(0)=0$

또한 $g'(x)=\begin{cases} f'(x) & (x<0) \\ f'(x-p) & (x>0) \end{cases}$이고, 함수 $g(x)$가 $x=0$에서 미분가능하므로

$\displaystyle\lim_{x\to0+}g'(x)=\lim_{x\to0-}g'(x)$에서

$\displaystyle\lim_{x\to0+}f'(x-p)=\lim_{x\to0-}f'(x)$

$f'(-p)=f'(0)$ $\therefore h'(0)=0$

함수 $h(x)$는 이차함수이고 $h(0)=h'(0)=0$이므로

$h(x)=kx^2$ (단, k는 상수)

따라서 곡선 $y=h(x)$는 원점에서 x축과 접한다. (참)

ㄴ. 최고차항의 계수가 1인 삼차함수 $f(x)$를

$f(x)=x^3+ax^2+bx+c$ (a, b, c는 상수)라 하면

$f(x-p)=(x-p)^3+a(x-p)^2+b(x-p)+c$

$\qquad\quad =(x^3-3px^2+3p^2x-p^3)+a(x^2-2px+p^2)$
$\qquad\qquad\qquad\qquad\qquad\qquad +b(x-p)+c$

이므로

$h(x)=f(x)-f(x-p)$

$\qquad =3px^2+(2ap-3p^2)x+(p^3-ap^2+bp)$

ㄱ의 결과로부터

$2ap-3p^2=0$이고 $p^3-ap^2+bp=0$

$p>0$이므로 $a=\dfrac{3}{2}p$, $b=\dfrac{1}{2}p^2$이다.

이때,

$f(x)=x^3+\dfrac{3}{2}px^2+\dfrac{1}{2}p^2x+c$에서

$f'(x)=3x^2+3px+\dfrac{1}{2}p^2$

$f'(x)=0$에서

$3x^2+3px+\dfrac{1}{2}p^2=0$

위의 이차방정식의 판별식을 D라 하면

$D=(3p)^2-4\times3\times\dfrac{1}{2}p^2=3p^2>0$

따라서 방정식 $f'(x)=0$이 서로 다른 두 실근을 가지므로 삼차함수 $f(x)$는 극값을 갖는다. (참)

ㄷ. ㄱ, ㄴ에서

$f(0)=f(-p)$이고

$f'(0)=f'(-p)=\dfrac{1}{2}p^2>0$

ㄴ에서 방정식 $f'(x)=0$의 두 실근은

$x=\dfrac{-3-\sqrt{3}}{6}p$, $x=\dfrac{-3+\sqrt{3}}{6}p$이므로 함수 $f(x)$는

$x=\dfrac{-3+\sqrt{3}}{6}p$에서 극솟값을 갖는다.

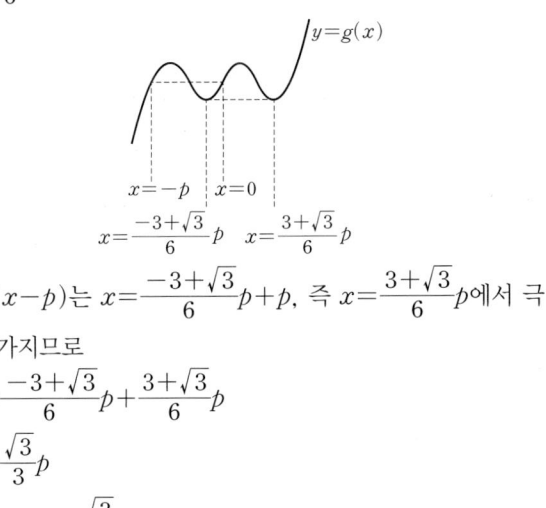

함수 $f(x-p)$는 $x=\dfrac{-3+\sqrt{3}}{6}p+p$, 즉 $x=\dfrac{3+\sqrt{3}}{6}p$에서 극솟값을 가지므로

$\alpha+\beta=\dfrac{-3+\sqrt{3}}{6}p+\dfrac{3+\sqrt{3}}{6}p$

$\qquad\quad =\dfrac{\sqrt{3}}{3}p$

$\alpha+\beta=\sqrt{3}$에서 $\dfrac{\sqrt{3}}{3}p=\sqrt{3}$

$\therefore p=3$ (참)

따라서 옳은 것은 ㄱ, ㄴ, ㄷ이다. 답 ⑤

04 도함수의 활용 (3)

본문 32 ~ 33쪽

01 ① **02** ③ **03** ① **04** 7 **05** ③ **06** ③

07 71

01

최고차항의 계수가 1인 삼차함수 $f(x)$가 모든 실수 x에 대하여 $f(-x)=-f(x)$를 만족시키고

방정식 $\{f(x)\}^2=4$가 서로 다른 4개의 실근을 가지므로 두 방정식 $f(x)=-2$와 $f(x)=2$는 각각 서로 다른 2개의 실근을 갖는다.

따라서 다음 그림과 같이 함수 $f(x)$는 극값을 갖고 극솟값은 -2, 극댓값은 2이다.

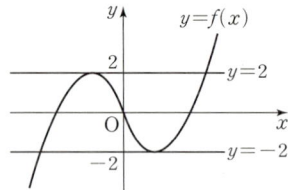

$f(x)=x^3-ax$ $(a>0)$이라 하면

$f'(x)=3x^2-a$이므로 $f'(x)=0$에서

$3x^2-a=0$ ∴ $x=-\sqrt{\dfrac{a}{3}}$ 또는 $x=\sqrt{\dfrac{a}{3}}$

함수 $f(x)$의 증가와 감소를 표로 나타내면 다음과 같다.

x	$\cdots$	$-\sqrt{\dfrac{a}{3}}$	$\cdots$	$\sqrt{\dfrac{a}{3}}$	$\cdots$
$f'(x)$	$+$	0	$-$	0	$+$
$f(x)$	↗	2	↘	-2	↗

함수 $f(x)$가 $x=\sqrt{\dfrac{a}{3}}$에서 극솟값 -2를 가지므로

$f\left(\sqrt{\dfrac{a}{3}}\right)=\left(\sqrt{\dfrac{a}{3}}\right)^3-a\times\sqrt{\dfrac{a}{3}}=-\dfrac{2a\sqrt{a}}{3\sqrt{3}}=-2$

$a\sqrt{a}=3\sqrt{3}$ ∴ $a=3$

따라서 $f(x)=x^3-3x$이므로

$f(1)=1-3=-2$ **답** ①

02

$\lim\limits_{x\to\infty}f'(x)=\infty$이므로 $f'(x)$, $f(x)$의 최고차항의 계수는 양수이다.

$\lim\limits_{x\to\infty}g'(x)=-\infty$이므로 $g'(x)$, $g(x)$의 최고차항의 계수는 음수이다.

그러므로 $h(x)=f(x)-g(x)$의 최고차항의 계수는 양수이다.

또한 $h'(x)=f'(x)-g'(x)$이고

$h'(x)=0$에서 $x=\alpha$ 또는 $x=\beta$ 또는 $x=\gamma$

함수 $h(x)$의 증가와 감소를 표로 나타내면 다음과 같다.

x	$\cdots$	α	$\cdots$	β	$\cdots$	γ	$\cdots$
$h'(x)$	$-$	0	$+$	0	$-$	0	$+$
$h(x)$	↘	극소	↗	극대	↘	극소	↗

따라서 함수 $h(x)$는 $x=\alpha$, $x=\gamma$에서 극솟값, $x=\beta$에서 극댓값을 갖는다.

ㄱ. $h(\alpha)h(\gamma)<0$이면 두 극솟값의 부호가 서로 다르므로 $y=h(x)$의 그래프는 다음 그림과 같다. 즉, 방정식 $h(x)=0$은 서로 다른 두 실근을 갖는다. (참)

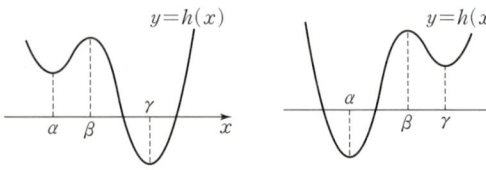

ㄴ. $h(\alpha)h(\gamma)=0$이면 $h(\alpha)=0$일 때, $y=h(x)$의 그래프는 다음 그림과 같다. 즉, 방정식 $h(x)=0$은 (ii) 단 하나의 실근을 가질 수도 있고 (iii) 서로 다른 두 실근을 가질 수도 있다. (거짓)

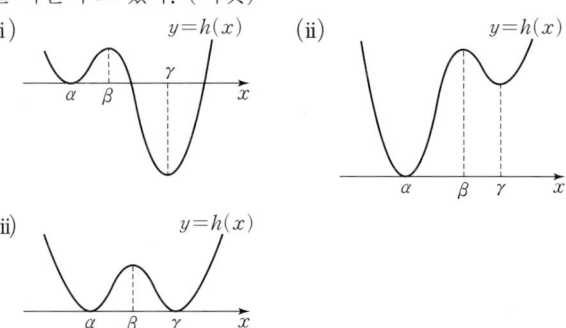

ㄷ. $h(\beta)<0$이면 $y=h(x)$의 그래프가 다음 그림과 같이 x축과 서로 다른 두 점에서 만나므로 방정식 $h(x)=0$은 서로 다른 두 실근을 갖는다. (참)

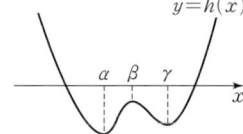

따라서 옳은 것은 ㄱ, ㄷ이다. **답** ③

03

$x^3+4x^2-ax-18\leq0$에서

$x^3+4x^2-18\leq ax$

이때, $f(x)=x^3+4x^2-18$이라 하면

$f'(x)=3x^2+8x=x(3x+8)$

$f'(x)=0$에서 $x=0$ 또는 $x=-\dfrac{8}{3}$

$x\leq0$일 때, 함수 $f(x)$의 증가와 감소를 표로 나타내면 다음과 같다.

x	$\cdots$	$-\dfrac{8}{3}$	$\cdots$	0
$f'(x)$	$+$	0	$-$	0
$f(x)$	↗	극대	↘	-18

따라서 함수 $y=f(x)$의 그래프는 다음 그림과 같다.

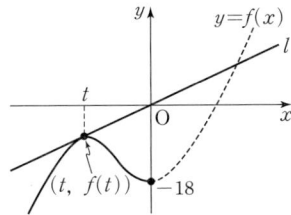

이때, 원점에서 곡선 $y=f(x)$에 그은 접선을 l, 접점의 좌표를 $(t, f(t))$라 하면 곡선 $y=f(x)$ 위의 점 $(t, f(t))$에서의 접선의 방정식은

$y-(t^3+4t^2-18)=(3t^2+8t)(x-t)$

$\therefore y=(3t^2+8t)x-2t^3-4t^2-18$ ...... ㉠

이 접선이 원점을 지나므로

$0=-2t^3-4t^2-18$, $2t^3+4t^2+18=0$

$2(t+3)(t^2-t+3)=0$

$\therefore t=-3 \ (\because t^2-t+3>0)$

$t=-3$을 ㉠에 대입하면 접선의 방정식은 $y=3x$

주어진 부등식이 항상 성립하려면 곡선 $y=f(x)$가 $x\leq0$에서 직선 $y=ax$에 접하거나 그 아래에 위치해야 하므로

$a\leq3$

따라서 실수 a의 최댓값은 3이다. **답 ①**

04

$f(x)=\begin{cases} x^2-2x & (x<1) \\ x^3+2x^2-4 & (x\geq1) \end{cases}$에서 $f(1)=-1$이고 직선 $y=k(x-1)-1$이 k의 값에 관계없이 점 $(1, -1)$을 지나므로 모든 실수 x에 대하여 $f(x)\geq k(x-1)-1$이 성립하기 위해서는 함수 $y=f(x)$의 그래프가 직선 $y=k(x-1)-1$과 $x=1$에서만 만나야 한다.

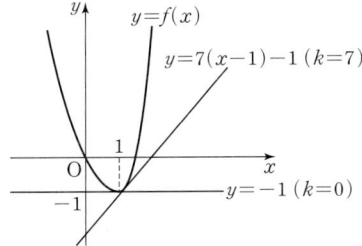

(i) $x<1$일 때

$f'(x)=2x-2$이고, x가 1에 가까워지면 접선의 기울기는 0에 가까워진다. 따라서 함수 $y=f(x)$의 그래프가 직선 $y=k(x-1)-1$과 $x=1$에서만 만나려면 $k\geq0$이어야 한다.

(ii) $x>1$일 때

$f'(x)=3x^2+4x$이고, x가 1에 가까워지면 접선의 기울기는 7에 가까워진다. 따라서 함수 $y=f(x)$의 그래프가 직선 $y=k(x-1)-1$과 $x=1$에서만 만나려면 $k\leq7$이어야 한다.

(i), (ii)에서 $0\leq k\leq7$이므로 정수 k의 최댓값과 최솟값의 합은

$7+0=7$ **답 7**

05

$x(t)=t^3-\dfrac{15}{2}t^2+12t$에서 속도를 $v(t)$라 하면

$v(t)=x'(t)=3t^2-15t+12=3(t-1)(t-4)$

가속도를 $a(t)$라 하면

$a(t)=v'(t)=6t-15$

ㄱ. 운동 방향을 바꾸는 순간의 속도는 0이므로

$v(t)=0$에서 $t=1$ 또는 $t=4$

또한 $t<1$일 때 $v(t)>0$, $1<t<4$일 때 $v(t)<0$, $t>4$일 때 $v(t)>0$이므로

$t=1$, $t=4$일 때 점 P는 운동 방향을 바꾼다. (참)

ㄴ. $t=2$일 때, 점 P의 가속도는

$a(2)=6\times2-15=-3$ (참)

ㄷ. $v(t)=3t^2-15t+12=3\left(t-\dfrac{5}{2}\right)^2-\dfrac{27}{4}$

이므로 속력은

$|v(t)|=3\left|\left(t-\dfrac{5}{2}\right)^2-\dfrac{9}{4}\right|$

이때, $|v(2)|=3\times|-2|=6$, $\left|v\left(\dfrac{5}{2}\right)\right|=3\times\left|-\dfrac{9}{4}\right|=\dfrac{27}{4}$,

$|v(5)|=3\times|4|=12$이므로 $2\leq t\leq5$일 때 점 P의 최대 속력은 12이다. (거짓)

따라서 옳은 것은 ㄱ, ㄴ이다.

/ 보충 설명 /

물체의 속도와 운동 방향

(1) 수직선 위를 움직이는 점 P의 시각 t에서의 위치가 $x=f(t)$일 때, 시각 t에서의 점 P의 속도를 $v=f'(t)$라 하면

① $v>0$ ➡ 점 P가 양의 방향으로 움직인다.

② $v<0$ ➡ 점 P가 음의 방향으로 움직인다.

③ $v=0$ ➡ 점 P가 운동 방향을 바꾸거나 정지한다.

(2) 수직으로 던져 올린 물체의 운동에서

① 최고점에 도달할 때 ➡ 속도 $v=0$

② 땅에 떨어질 때 ➡ 높이 $h=0$ **답 ③**

06

t초 후의 점 P의 좌표는 $(2t, 0)$이므로 직선 BP의 기울기는 $-\dfrac{1}{t}$이고 직선 PQ는 직선 BP에 수직이므로 직선 PQ의 기울기는 t이다.

따라서 직선 PQ의 방정식은

$y=t(x-2t)$ $\therefore y=tx-2t^2$

점 Q의 좌표가 $(6, 6t-2t^2)$이므로 삼각형 PAQ의 넓이를 $f(t)$라 하면

$f(t)=\dfrac{1}{2}\times\overline{PA}\times\overline{AQ}$

$=\dfrac{1}{2}(6-2t)(6t-2t^2)$

$=2t(t-3)^2$

$=2t^3-12t^2+18t$

$\therefore f'(t)=6t^2-24t+18$

삼각형 PAQ가 직각이등변삼각형이 되려면 $\overline{PA}=\overline{AQ}$이어야 하므로

$6-2t=6t-2t^2$에서
$2t^2-8t+6=0$
$t^2-4t+3=0$, $(t-1)(t-3)=0$
$\therefore t=1$ $(\because 0<t<3)$
따라서 $t=1$일 때, 삼각형 PAQ의 넓이의 변화율은
$f'(1)=6-24+18=0$　　　　　　　　　　　📳 ③

07

t초 후에 $\overline{EP}=t$, $\overline{FQ}=t$, $\overline{HR}=2t$이므로
삼각형 HPQ의 넓이를 $S(t)$라 하면
$$S(t)=10^2-\left\{\frac{1}{2}\times10t+\frac{1}{2}(10-t)t+\frac{1}{2}\times10(10-t)\right\}$$
$$=\frac{1}{2}t^2-5t+50$$

따라서 세 점 P, Q, R가 출발한 지 t초 후 사면체 R-HPQ의 부피를 $V(t)$라 하면
$$V(t)=\frac{1}{3}\left(\frac{1}{2}t^2-5t+50\right)\times2t$$
$$=\frac{1}{3}(t^3-10t^2+100t)$$
$V'(t)=\frac{1}{3}(3t^2-20t+100)$이므로
$V'(4)=\frac{1}{3}(48-80+100)=\frac{68}{3}$
따라서 $p=3$, $q=68$이므로
$p+q=3+68=71$　　　　　　　　　　　　📳 71

심화 유형 도전하기　　　　　　　　본문 34 ~ 35쪽

01 21　　**02** 19　　**03** ③　　**04** ⑤　　**05** 30　　**06** ③

01

$f(x)=t$로 놓으면
$(g\circ f)(x)=g(f(x))=g(t)$이므로
$(g\circ f)(x)=0$에서
$t^3-(n-1)t^2-nt=0$
$t(t+1)(t-n)=0$
$\therefore t=-1$ 또는 $t=0$ 또는 $t=n$
$\therefore f(x)=-1$ 또는 $f(x)=0$ 또는 $f(x)=n$
방정식 $(g\circ f)(x)=0$의 서로 다른 실근의 개수는 세 방정식
$f(x)=-1$, $f(x)=0$, $f(x)=n$의 서로 다른 실근의 개수의 합과 같다.
$f(x)=2x^3-6x^2+k$에서
$f'(x)=6x^2-12x=6x(x-2)$
$f'(x)=0$에서 $x=0$ 또는 $x=2$
함수 $f(x)$의 증가와 감소를 표로 나타내면 다음과 같다.

x	$\cdots$	0	$\cdots$	2	$\cdots$
$f'(x)$	$+$	0	$-$	0	$+$
$f(x)$	↗	k	↘	$k-8$	↗

방정식 $(g\circ f)(x)=0$의 서로 다른 실근의 개수가 8이므로 방정식 $f(x)=0$은 서로 다른 세 실근을 갖고, 두 방정식 $f(x)=-1$, $f(x)=n$ 중 하나는 서로 다른 세 실근을, 다른 하나는 서로 다른 두 실근을 가져야 한다.

(ⅰ) 방정식 $f(x)=-1$이 서로 다른 세 실근을 갖고, 방정식 $f(x)=n$이 서로 다른 두 실근을 갖는 경우

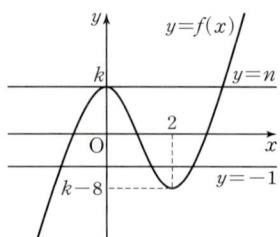

　$k-8<-1<k$, $k=n$이므로 $-1<k<7$, $k=n$
　$\therefore n=1, 2, 3, \cdots, 6$

(ⅱ) 방정식 $f(x)=n$이 서로 다른 세 실근을 갖고, 방정식 $f(x)=-1$이 서로 다른 두 실근을 갖는 경우

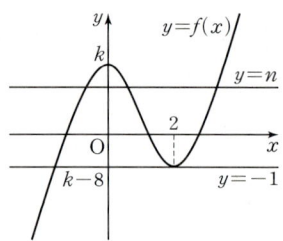

　$k-8<n<k$, $k-8=-1$이므로 $k=7$, $-1<n<7$
　$\therefore n=1, 2, 3, \cdots, 6$

(ⅰ), (ⅱ)에 의하여 구하는 모든 자연수 n의 값의 합은
$1+2+3+\cdots+6=\dfrac{6\times7}{2}=21$　　　　　📳 21

02

$f(x)=x^3+ax^2-4x$에서
$f'(x)=3x^2+2ax-4$
점 $P(t, f(t))$에서의 접선의 기울기는
$f'(t)=3t^2+2at-4$이므로 접선의 방정식은
$y=(3t^2+2at-4)(x-t)+t^3+at^2-4t$
위의 식에 $x=0$을 대입하면 $y=-2t^3-at^2$
$\therefore Q(0, -2t^3-at^2)$
삼각형 OPQ의 넓이가 $g(t)$이므로
$g(t)=\frac{1}{2}|t(-2t^3-at^2)|=\frac{1}{2}|t^3(2t+a)|$
$y=\frac{1}{2}t^3(2t+a)$에서
$y'=\frac{1}{2}\{3t^2(2t+a)+t^3\times2\}=\frac{1}{2}t^2(8t+3a)$
$y'=0$에서 $t=0$ 또는 $t=-\frac{3}{8}a$
함수 $g(t)$가 오직 $t=4$일 때만 미분가능하지 않으므로 $a<0$이다.
함수 $y=\frac{1}{2}t^3(2t+a)$의 증가와 감소를 표로 나타내면 다음과 같다.

t	$\cdots$	0	$\cdots$	$-\dfrac{3}{8}a$	$\cdots$
y'	$-$	0	$-$	0	$+$
y	$\searrow$	0	$\searrow$	극소	$\nearrow$

함수 $y=\dfrac{1}{2}t^3(2t+a)$의 그래프는 [그림 1]과 같고, 함수 $y=g(t)$의 그래프는 [그림 2]와 같다.

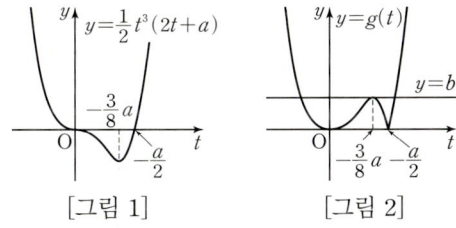

[그림 1]　　　　　　[그림 2]

함수 $g(t)$가 $t=4$에서 미분가능하지 않으므로

$-\dfrac{a}{2}=4$　　$\therefore a=-8$

함수 $g(t)$가 $t=-\dfrac{3}{8}a=3$에서 극대이므로 극댓값은

$g(3)=\dfrac{1}{2}|27\times(-2)|=27$

방정식 $g(t)=b$의 서로 다른 실근의 개수가 3이려면 $b=27$이어야 하므로

$a+b=-8+27=19$　　　　　　　　　　　📦 19

03

조건 ㈎~㈐를 종합하면 방정식 $f(x)=0$은 서로 다른 두 양의 실근과 하나의 음의 실근을 갖는다. 즉, 함수 $y=f(x)$의 그래프는 x축의 양의 방향과 두 점에서 만나고 x축의 음의 방향과 한 점에서 만난다. 마찬가지로 방정식 $f(x)=x$도 서로 다른 두 양의 실근과 하나의 음의 실근을 가지므로 함수 $y=f(x)$의 그래프는 직선 $y=x$와 $x>0$일 때 두 점에서 만나고 $x<0$일 때 한 점에서 만난다. 위를 종합하면 사차함수 $y=f(x)$의 그래프는 다음 그림과 같이 두 경우가 있다.

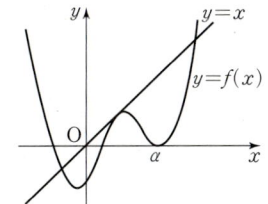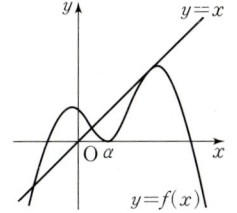

ㄱ. 두 그래프에서 모두 사차함수 $y=f(x)$의 그래프가 x축의 양의 부분과 접한다.
이때, 사차함수 $y=f(x)$의 그래프와 x축의 접점의 x좌표를 α라 하면 $f(\alpha)=0$, $f'(\alpha)=0$이 모두 성립하므로 방정식 $f(x)=0$과 $f'(x)=0$은 $x=\alpha$ $(\alpha>0)$을 공통근으로 갖는다. (참)

ㄴ. 두 그래프에서 모두 다음 그림과 같이 사차함수 $y=f(x)$의 그래프와 직선 $y=3x$의 교점의 x좌표 중 한 개는 음수이고, 한 개는 양수이므로 방정식 $f(x)=3x$는 양의 실근 한 개와 음의 실근 한 개를 갖는다.

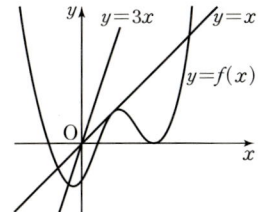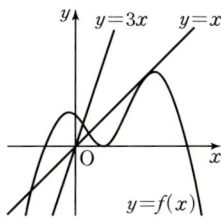

즉, 모든 실근의 곱은 0보다 작다. (참)

ㄷ. 방정식 $f(x)=\dfrac{x}{2}$의 음의 실근은 함수 $y=f(x)$의 그래프와 직선 $y=\dfrac{x}{2}$의 교점 중에서 x좌표가 음수인 점의 x좌표이다.

그런데 함수 $y=f(x)$의 그래프가 오른쪽 그림과 같은 경우에는 방정식 $f(x)=\dfrac{x}{2}$의 음의 실근이 방정식 $f(x)=x$의 음의 실근보다 크다. (거짓)

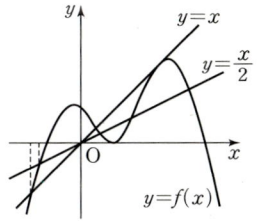

따라서 옳은 것은 ㄱ, ㄴ이다.

　　　　　　　　　　　📦 ③

04

$|x^3-3x^2+2|-2=a(x+1)$에서
$|x^3-3x^2+2|=a(x+1)+2$
이때, $f(x)=x^3-3x^2+2$라 하면
$f(x)=(x-1)\{x-(1-\sqrt{3})\}\{x-(1+\sqrt{3})\}$
$f(x)=0$에서
$x=1-\sqrt{3}$ 또는 $x=1$ 또는 $x=1+\sqrt{3}$
$f'(x)=3x^2-6x=3x(x-2)$이므로
$f'(x)=0$에서 $x=0$ 또는 $x=2$
함수 $f(x)$의 증가와 감소를 표로 나타내면 다음과 같다.

x	$\cdots$	0	$\cdots$	2	$\cdots$
$f'(x)$	$+$	0	$-$	0	$+$
$f(x)$	$\nearrow$	2	$\searrow$	-2	$\nearrow$

따라서 함수 $y=f(x)$의 그래프는 다음 그림과 같다.

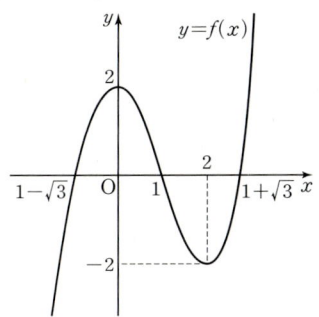

한편, 직선 $l:y=a(x+1)+2$는 a의 값에 관계없이 항상 점 $A(-1, 2)$를 지나므로 주어진 방정식의 서로 다른 실근의 개수는 다음 그림과 같이 함수 $y=|f(x)|$의 그래프와 직선 l의 교점의 개수와 같다.

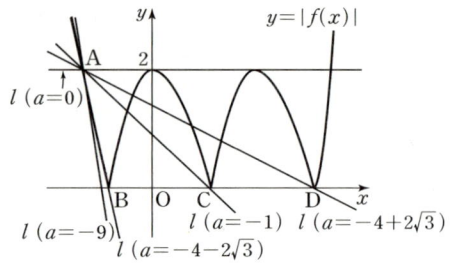

이때, A$(-1, 2)$, B$(1-\sqrt{3}, 0)$, C$(1, 0)$, D$(1+\sqrt{3}, 0)$이므로
점 A에서 $y=|f(x)|$의 그래프에 그은 접선의 기울기는
$y=-f(x)$에서 $y'=-f'(x)$이므로
$-f'(-1)=-\{-3\times(-3)\}=-9$
또한 직선 AB의 기울기는
$$\frac{0-2}{1-\sqrt{3}-(-1)}=\frac{-2}{2-\sqrt{3}}=-4-2\sqrt{3}$$
직선 AC의 기울기는
$$\frac{0-2}{1-(-1)}=\frac{-2}{2}=-1$$
직선 AD의 기울기는
$$\frac{0-2}{1+\sqrt{3}-(-1)}=\frac{-2}{2+\sqrt{3}}=-4+2\sqrt{3}$$
따라서 함수 $y=|f(x)|$의 그래프와 직선 l의 교점의 개수는
(i) $a\le-9$일 때, $N(a)=1$
(ii) $-9<a<-1$일 때, $N(a)=2$
(iii) $a=-1$일 때, $N(a)=3$
(iv) $-1<a<-4+2\sqrt{3}$일 때, $N(a)=4$
(v) $a=-4+2\sqrt{3}$일 때, $N(a)=5$
(vi) $-4+2\sqrt{3}<a<0$일 때, $N(a)=6$
(vii) $a=0$일 때, $N(a)=4$
(viii) $a>0$일 때, $N(a)=2$
ㄱ. (i)~(viii)에서 $N(a)$의 최솟값은 1, 최댓값은 6이다. (참)
ㄴ. $-1<a<-4+2\sqrt{3}$일 때, $N(a)=4$이다. (참)
ㄷ. $N(a)=2$를 만족시키는 경우는
　　$-9<a<-1$, $a>0$
　　이므로 음의 정수 a의 최댓값은 -2이다. (참)
따라서 옳은 것은 ㄱ, ㄴ, ㄷ이다. **답 ⑤**

05

두 점 P, Q의 시각 t에서의 위치가 각각
$x_P(t)=t^3-t^2+at$, $x_Q(t)=t^4-4t^2+8t$
이므로 시각 t에서의 두 점 P, Q의 속도는 각각
$x_P'(t)=3t^2-2t+a$, $x_Q'(t)=4t^3-8t+8$
$x_P'(t)=x_Q'(t)$에서
$3t^2-2t+a=4t^3-8t+8$
$\therefore 4t^3-3t^2-6t+8=a$
$f(t)=4t^3-3t^2-6t+8$로 놓으면
$f'(t)=12t^2-6t-6=6(2t+1)(t-1)$
$f'(t)=0$에서 $t=1$ ($\because t>0$)

$t>0$에서 함수 $f(t)$의 증가와 감소를 표로 나타내면 다음과 같다.

t	(0)	$\cdots$	1	$\cdots$
$f'(t)$		$-$	0	$+$
$f(t)$		$\searrow$	3	$\nearrow$

두 점 P, Q가 원점을 출발한 후 속도가 같아지는 순간이 오직 한 번뿐이므로 방정식 $4t^3-3t^2-6t+8=a$의 양의 실근이 오직 하나이다. 즉, 함수 $y=f(t)$의 그래프와 직선 $y=a$가 $t>0$일 때 오직 한 점에서 만난다.

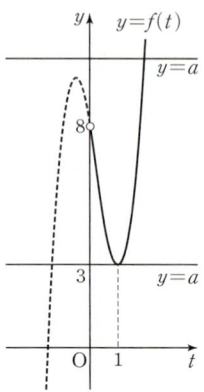

$\therefore a=3$ 또는 $a\ge8$
이때, a는 10 이하의 정수이므로
$a=3, 8, 9, 10$
그러므로 구하는 모든 정수 a의 값의 합은
$3+8+9+10=30$
답 30

06

t초 후
$\overline{AP}=t$, $\overline{PB}=8-t$, $\overline{BQ}=2t$, $\overline{QC}=10-2t$, $\overline{CR}=t$, $\overline{RD}=8-t$
이므로 삼각형 PQR의 넓이를 $S(t)$라 하면
$$S(t)=8\times10-\frac{1}{2}\times(8-t)\times2t-\frac{1}{2}\times(10-2t)\times t$$
$$-\frac{1}{2}\times(t+8-t)\times10$$
$$=80-(8t-t^2)-(5t-t^2)-40$$
$$=2t^2-13t+40$$
그런데 $\angle PQR=\frac{\pi}{2}$이면 $\angle QPB=\angle RQC$이므로
삼각형 PBQ와 삼각형 QCR는 닮음이다.
이때, $\overline{PB}:\overline{QC}=\overline{BQ}:\overline{CR}$이므로
$(8-t):(10-2t)=2t:t$
$2t(10-2t)=t(8-t)$
$3t^2-12t=0$, $3t(t-4)=0$
$\therefore t=4$ ($\because t>0$)
$S(t)=2t^2-13t+40$에서
$S'(t)=4t-13$
따라서 $t=4$일 때 삼각형 PQR의 넓이의 시간(초)에 대한 변화율은
$S'(4)=4\times4-13=3$
답 ③

개념 확장 & 수리논술 · 창의사고력 문제	본문 36쪽

$g(x)=\begin{cases} f(x) & (x\ge0) \\ c-f(x) & (x<0) \end{cases}$에서
함수 $g(x)$가 $x=0$에서 연속이므로
$\lim\limits_{x\to0+}g(x)=\lim\limits_{x\to0-}g(x)=g(0)$
$c-f(0)=f(0)$, $c=2f(0)$

$f(x)=8x^3-ax^2+bx+36$이므로
$c=2f(0)=2\times36=72$
$g'(x)=\begin{cases} f'(x) & (x>0) \\ -f'(x) & (x<0) \end{cases}$에서
함수 $g(x)$가 $x=0$에서 미분가능하므로
$\lim\limits_{x\to0+}g'(x)=\lim\limits_{x\to0-}g'(x)$
$\lim\limits_{x\to0+}g'(x)=f'(0)$, $\lim\limits_{x\to0-}g'(x)=-f'(0)$이므로
$f'(0)=-f'(0)$ $\therefore f'(0)=0$
$f'(x)=24x^2-2ax+b$이므로
$b=f'(0)=0$
$\therefore f(x)=8x^3-ax^2+36$
한편, $g(x)=\begin{cases} f(x) & (x\geq0) \\ 72-f(x) & (x<0) \end{cases}$에서
$x<0$일 때, $g(x)=72-f(x)$이므로 $\dfrac{f(x)+g(x)}{2}=36$
따라서 함수 $y=g(x)$의 그래프와 함수 $y=f(x)$의 그래프는 직선 $y=36$에 대하여 대칭이다.
$f'(x)=24x^2-2ax=24x\left(x-\dfrac{a}{12}\right)$이므로
$f'(x)=0$에서 $x=0$ 또는 $x=\dfrac{a}{12}$
조건 (다)를 만족시키는 두 함수 $y=f(x)$와 $y=g(x)$의 그래프는 다음 그림과 같다.

(a>0일 때)   (a<0일 때)   (a=0일 때)

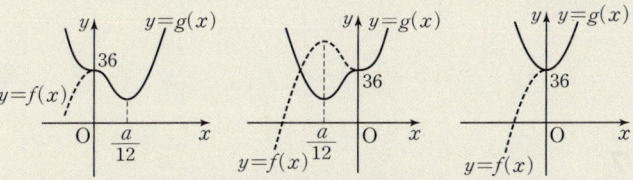

따라서 조건 (나)를 만족시키려면 $x=t$ $(t>0)$에서 함수 $y=g(x)$의 그래프가 직선 $y=4x$와 접해야 한다.
$g(t)=4t$에서 $8t^3-at^2+36=4t$ $\cdots\cdots$ ㉠
$g'(t)=4$에서 $24t^2-2at=4$, $a=\dfrac{12t^2-2}{t}$ $\cdots\cdots$ ㉡
㉡을 ㉠에 대입하면
$8t^3-\left(\dfrac{12t^2-2}{t}\right)t^2+36=4t$
$2t^3+t-18=0$, $(t-2)(2t^2+4t+9)=0$
$\therefore t=2$ $(\because 2t^2+4t+9\neq0)$, $a=23$
따라서 $a+b+c=23+0+72=95$ 답 95

01 부정적분과 정적분

개념 & 대표 유형 짚어보기   본문 38 ~ 40쪽

01 23	**02** -4	**03** 4	**04** ②	**05** ④	**06** 8
07 ②	**08** 17	**09** ③	**10** ③	**11** 16	**12** ⑤

01

$f_1(x)=1$이고, $f_{n+1}(0)=0$이므로
$f_2(x)=2\displaystyle\int f_1(x)\,dx=2\int 1\,dx=2x$
$f_3(x)=3\displaystyle\int f_2(x)\,dx=3\int 2x\,dx=3x^2$
$\vdots$
$f_n(x)=n\displaystyle\int f_{n-1}(x)\,dx=n\int (n-1)x^{n-2}\,dx$
$\qquad=nx^{n-1}$
$\therefore F_{20}(x)=\displaystyle\int\{f_1(x)+f_2(x)+f_3(x)+\cdots+f_{20}(x)\}\,dx$
$\qquad=\displaystyle\int(1+2x+3x^2+\cdots+20x^{19})\,dx$
$\qquad=x+x^2+x^3+\cdots+x^{20}+C$ (단, C는 적분상수)
$F_n(0)=3$에서 $F_{20}(0)=3$이므로 $C=3$
$\therefore F_{20}(x)=x+x^2+x^3+\cdots+x^{20}+3$
$\therefore F_{20}(1)=\underbrace{1+1+1+\cdots+1}_{20개}+3=23$ 답 23

02

$f(x)g'(x)+f'(x)g(x)=\{f(x)g(x)\}'$이므로
조건 (가)의 $f(x)g'(x)+f'(x)g(x)=3x^2-10x+8$에서
$f(x)g(x)=\displaystyle\int(3x^2-10x+8)\,dx$
$\qquad=x^3-5x^2+8x+C$ (단, C는 적분상수)
조건 (나)의 $f(x)=(x-1)g(x)$에서 $f(1)=0$이므로
$f(1)g(1)=1-5+8+C=0$
$\therefore C=-4$
$\therefore f(x)g(x)=x^3-5x^2+8x-4$
$\qquad=(x-1)(x-2)^2$
$g(x)$를 n차식이라 하면 $f(x)$는 $n+1$차식이고 $f(x)g(x)$가 3차식이므로
$2n+1=3$ $\therefore n=1$
따라서 $g(x)$는 1차식이고 조건 (다)에서 $g(0)>0$이므로
$g(x)=-x+2$ $(\because$ 조건 (나))
$\therefore f(x)=(x-1)(-x+2)$
$\therefore f(3)+g(4)=2\times(-1)+(-2)=-4$

/ 보충 설명 /
$f(x)g(x)$의 최고차항의 계수가 1이고,
$f(x)=(x-1)g(x)$이므로
$f(x)$, $g(x)$의 최고차항의 계수는
1 또는 -1만 가능하다.   답 -4

03

$$f'(x)=\begin{cases} -1 & (x<-2) \\ x^2-1 & (-2<x<2) \\ -1 & (x>2) \end{cases}$$이므로

$$f(x)=\begin{cases} -x+C_1 & (x<-2) \\ \dfrac{1}{3}x^3-x+C_2 & (-2<x<2) \\ -x+C_3 & (x>2) \end{cases}$$

(단, C_1, C_2, C_3은 적분상수)

$f(0)=2$이므로 $C_2=2$이고, $f(x)$는 실수 전체의 집합에서 연속이므로

$$f(-2)=2+C_1=-\frac{8}{3}+2+2$$

$$\therefore C_1=-\frac{2}{3}$$

$$f(2)=-2+C_3=\frac{8}{3}-2+2$$

$$\therefore C_3=\frac{14}{3}$$

즉, 함수 $f(x)$와 $y=f(x)$의 그래프는 다음과 같다.

$$f(x)=\begin{cases} -x-\dfrac{2}{3} & (x<-2) \\ \dfrac{1}{3}x^3-x+2 & (-2\le x<2) \\ -x+\dfrac{14}{3} & (x\ge 2) \end{cases}$$

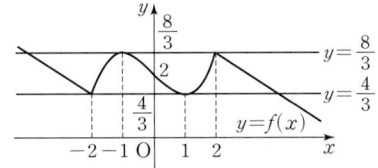

따라서 방정식 $f(x)=k$가 서로 다른 세 실근을 갖기 위한 실수 k의 값은 $\dfrac{4}{3}$, $\dfrac{8}{3}$이므로 그 합은

$$\frac{4}{3}+\frac{8}{3}=4$$ **달** 4

04

구간 $[a, b]$에서 $f(x)$는 증가하므로 $f'(x)\ge 0$이고, 구간 $[b, c]$에서 $f(x)$는 감소하므로 $f'(x)\le 0$이다.

$$\begin{aligned} \therefore \int_a^c |f'(x)|\,dx &= \int_a^b f'(x)\,dx - \int_b^c f'(x)\,dx \\ &= \{f(b)-f(a)\} - \{f(c)-f(b)\} \\ &= -\{f(a)+f(c)\}+2f(b) \\ &= 15+2\times(-2) \ (\because \text{조건 (나), (다)}) \\ &= 11 \end{aligned}$$ **달** ②

05

이차함수 $y=f(x)$의 그래프는 직선 $x=1$에 대하여 대칭이므로

$$\int_{-3}^{-1} f(x)\,dx=\int_3^5 f(x)\,dx, \ \int_{-1}^1 f(x)\,dx=\int_1^3 f(x)\,dx$$이다.

$$\int_{-1}^5 f(x)\,dx=\int_{-1}^1 f(x)\,dx+\int_1^3 f(x)\,dx+\int_3^5 f(x)\,dx=11,$$

$$\int_{-3}^1 f(x)\,dx=\int_{-3}^{-1} f(x)\,dx+\int_{-1}^1 f(x)\,dx=8$$이므로

$$\int_{-3}^{-1} f(x)\,dx=A, \ \int_{-1}^1 f(x)\,dx=B$$라 하면

$$2B+A=11, \ A+B=8$$

두 식을 연립하여 풀면 $A=5$, $B=3$이므로

$$\int_{-3}^{-1} f(x)\,dx+\int_1^5 f(x)\,dx=2A+B=13$$ **달** ④

06

조건 (가)에서 함수 $f(x)$는 차수가 홀수인 항으로만 이루어진 삼차함수이다.

따라서 $f(x)=mx^3+nx$ (m, n은 상수)로 놓으면

$$f'(x)=3mx^2+n$$

조건 (나)에서 함수 $f(x)$는 $x=1$에서 극댓값 4를 가지므로

$$f'(1)=3m+n=0 \qquad \cdots\cdots \ \bigcirc$$

$$f(1)=m+n=4 \qquad \cdots\cdots \ \bigcirc$$

$\bigcirc$, $\bigcirc$을 연립하여 풀면

$$m=-2, \ n=6$$

따라서 $f'(x)=-6x^2+6$이므로

$$\begin{aligned} \int_{-1}^1 |f'(x)|\,dx &= \int_{-1}^1 |-6x^2+6|\,dx \\ &= \int_{-1}^1 (-6x^2+6)\,dx \\ &= 2\int_0^1 (-6x^2+6)\,dx \\ &= 2\Big[-2x^3+6x\Big]_0^1 \\ &= 2(-2+6)=8 \end{aligned}$$ **달** 8

07

조건 (가)의 양변에 $x=0$을 대입하면

$$\int_2^0 f(t)\,dt=-1 \quad \therefore \int_0^2 f(t)\,dt=1 \qquad \cdots\cdots \ \bigcirc$$

조건 (나)에 $\bigcirc$을 대입하면

$g(x)=x^2-2x+3$이므로

$$\begin{aligned} \int_2^x f(t)\,dt &= xg(x)+kx-1 \\ &= x(x^2-2x+3)+kx-1 \end{aligned}$$

위의 식의 양변에 $x=2$를 대입하면

$$0=6+2k-1$$

$$\therefore k=-\frac{5}{2}$$ **달** ②

08

$h(x)=f(x)-g(x)$라 하면 조건 (가)에서

$h'(x)=f'(x)-g'(x)>0$이므로 함수 $h(x)$는 증가함수이다.

또한 조건 (나)에서

$$h(3)=f(3)-g(3)=0$$

즉, $x<3$일 때 $h(x)<0$, $x>3$일 때 $h(x)>0$이므로

$$\int_0^3 |f(x)-g(x)|\,dx=-\int_0^3 \{f(x)-g(x)\}\,dx=3$$

$$\int_0^7 |f(x)-g(x)|\,dx$$

$$=-\int_0^3 \{f(x)-g(x)\}\,dx+\int_3^7 \{f(x)-g(x)\}\,dx$$

$$=3+\int_3^7 \{f(x)-g(x)\}\,dx=20$$

$$\therefore \int_3^7 \{f(x)-g(x)\}\,dx=17 \qquad \text{답 } 17$$

09

$F(x)=\displaystyle\int_2^x f(t)dt$의 양변을 x에 대하여 미분하면

$$F'(x)=f(x)$$
$$=3x^2-12x+k$$
$$=3(x-2)^2+k-12$$

$F(x)=\displaystyle\int_2^x f(t)dt$에서 $F(2)=\displaystyle\int_2^2 f(t)dt=0$

(i) $k>12$일 때,

$F'(x)=3(x-2)^2+k-12>0$이고 $F(2)=0$이므로
함수 $y=F(x)$의 그래프는 다음 그림과 같다.

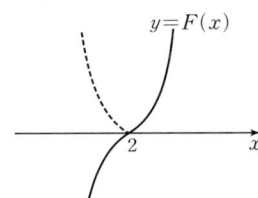

따라서 함수 $|F(x)|$는 $x=2$에서 미분가능하지 않다.

(ii) $k<12$일 때,

$F'(x)=3(x-2)^2+k-12$에서 $k-12<0$이므로
방정식 $F'(x)=0$은 서로 다른 두 실근을 갖는다.

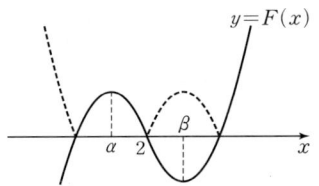

$F'(x)=0$의 서로 다른 두 실근을 α, β $(\alpha<2<\beta)$라 하면 $F(x)$는 $x=\alpha$에서 극댓값, $x=\beta$에서 극솟값을 갖는다. 따라서 함수 $|F(x)|$는 $x=2$와 다른 두 꺾인 점에서 미분가능하지 않다.

(iii) $k=12$일 때,

$F'(x)=3(x-2)^2$이고 $F(2)=0$이므로 함수 $y=F(x)$의 그래프는 다음 그림과 같다.

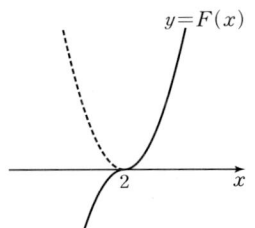

함수 $|F(x)|$가 $x=2$에서 미분가능하므로 $|F(x)|$는 실수

전체의 집합에서 미분가능하다.

(i)~(iii)에 의하여 조건을 만족시키는 상수 k의 값은 12이다.

답 ③

10

조건 ㈎에 의하여 $f(x)=ax^3+bx$ (a, b는 상수, $a\neq0$)
으로 놓으면

$$f'(x)=3ax^2+b$$

조건 ㈏에서 $f(1)=-1-2=-3$, $f'(1)=-1$
이므로

$$a+b=-3,\ 3a+b=-1$$

위의 두 식을 연립하여 풀면

$$a=1,\ b=-4$$

$$\therefore f'(x)=3x^2-4$$

$f'(-x)=3x^2-4=f'(x)$에서

$|f'(-x)|=|f'(x)|$이므로

함수 $y=|f'(x)|$의 그래프는 y축에 대하여 대칭이다.

$g(x)=x|f'(x)|$라 하면

$g(-x)=-x|f'(-x)|=-x|f'(x)|=-g(x)$이므로

함수 $y=g(x)$의 그래프는 원점에 대하여 대칭이다.

$$\therefore \int_{-1}^1 (x-3)|f'(x)|\,dx$$

$$=\int_{-1}^1 \{x|f'(x)|-3|f'(x)|\}\,dx$$

$$=0-3\int_{-1}^1 |f'(x)|\,dx$$

$$=3\times2\int_0^1 (3x^2-4)\,dx$$

$$=6\Big[x^3-4x\Big]_0^1=-18 \qquad \text{답 } ③$$

11

$\{tf(x)-1\}^2=t^2\{f(x)\}^2-2tf(x)+1$이므로

$$\int_0^1 \{tf(x)-1\}^2\,dx$$

$$=t^2\int_0^1 \{f(x)\}^2\,dx-2t\int_0^1 f(x)\,dx+\int_0^1 1\,dx$$

즉, t에 대한 이차방정식

$$t^2\int_0^1 \{f(x)\}^2\,dx-2t\int_0^1 f(x)\,dx+1=0 \qquad \cdots\cdots \text{㉠}$$

의 실근이 오직 하나이므로 중근을 가져야 한다.

방정식 ㉠의 판별식을 D라 하면

$$\frac{D}{4}=\Big\{\int_0^1 f(x)\,dx\Big\}^2-\int_0^1 \{f(x)\}^2\,dx=0$$

$$\therefore \Big\{\int_0^1 f(x)\,dx\Big\}^2=\int_0^1 \{f(x)\}^2\,dx$$

조건 ㈎에서 $\displaystyle\int_0^1 f(x)dx=4$이므로

$$\int_0^1 \{f(x)\}^2\,dx=4^2=16 \qquad \text{답 } 16$$

12

ㄱ. $F(x)=\int_a^x f(t)f'(t)dt$의 양변을 x에 대하여 미분하면

$$F'(x)=\frac{d}{dx}\int_a^x f(t)f'(t)dt$$
$$=f(x)f'(x)$$

$f(x)=k(x-a)(x-b)\ (k<0)$으로 놓으면

$$f'(x)=2k\Big(x-\frac{a+b}{2}\Big)$$이므로

$$F'(x)=f(x)f'(x)$$
$$=2k^2(x-a)(x-b)\Big(x-\frac{a+b}{2}\Big)$$

$$\therefore F'\Big(\frac{a+b}{2}\Big)=0\ (참)$$

ㄴ. $\Big[\frac{1}{2}\{f(x)\}^2\Big]'=\frac{1}{2}\times 2f(x)f'(x)$
$$=f(x)f'(x)=F'(x)$$

이므로

$$F(x)=\frac{1}{2}\{f(x)\}^2+C$$
$$=\frac{1}{2}k^2(x-a)^2(x-b)^2+C\ (단,\ C는\ 적분상수)$$

한편, $F(a)=\int_a^a f(t)f'(t)dt=0$이므로

$$C=0$$

$$\therefore F(x)=\frac{1}{2}k^2(x-a)^2(x-b)^2$$

$$\therefore F(b)=0\ (참)$$

ㄷ. 함수 $y=F(x)$의 그래프는 다음 그림과 같다.

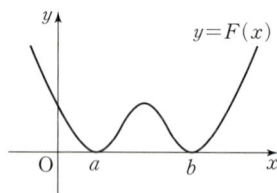

즉, 함수 $y=F(x)$의 그래프는 $x=a$, $x=b$에서 x축에 접하므로 모든 실수 x에 대하여 $F(x)\ge 0$이 성립한다. (참)

따라서 옳은 것은 ㄱ, ㄴ, ㄷ이다.　　답 ⑤

01

다항함수 $f(x)$의 차수를 n이라 하면 좌변의 차수는 n^2이고, 우변의 차수는 $n+1$ 또는 2 또는 1이다.

이때, $n^2=n+1$, $n^2=2$를 만족시키는 자연수 n은 존재하지 않는다.

따라서 $n^2=1$이고 n은 자연수이므로 $n=1$이다.

$f(x)=ax+b\ (a,\ b는\ 상수,\ a\ne 0)$이라 하면

$$f(f(x))=a(ax+b)+b=a^2x+ab+b \quad\cdots\cdots\ \bigcirc$$
$$\int_0^x f(t)dt=\int_0^x (at+b)dt$$
$$=\Big[\frac{a}{2}t^2+bt\Big]_0^x=\frac{a}{2}x^2+bx \quad\cdots\cdots\ \bigcirc$$

$\bigcirc$, $\bigcirc$을 주어진 식에 대입하면

$$a^2x+ab+b=\Big(\frac{a}{2}-1\Big)x^2+(b-1)x+15 \quad\cdots\cdots\ \bigcirc$$

$\bigcirc$은 x에 대한 항등식이므로

$$\frac{a}{2}-1=0,\ a^2=b-1,\ ab+b=15$$

$$\therefore a=2,\ b=5$$

따라서 $f(x)=2x+5$이므로

$$f(5)=15$$

/ 다른 풀이 / 미적분 과목 : 합성함수의 미분법 이용

$f(x)=ax+b\ (a,\ b는\ 상수,\ a\ne 0)$이라 하면

$$f'(x)=a \quad\cdots\cdots\ \bigcirc$$

주어진 등식의 양변을 x에 대하여 미분하면

$$f'(f(x))f'(x)=f(x)-2x-1$$

$\bigcirc$을 대입하면

$$a^2=(ax+b)-2x-1$$
$$a^2=(a-2)x+b-1$$

이 식이 x에 대한 항등식이므로

$$a-2=0,\ a^2=b-1$$

$$\therefore a=2,\ b=5$$　　답 ③

02

$f(x)=x^3-3x+1$이라 하면

$f'(x)=3x^2-3=3(x+1)(x-1)=0$에서

$$x=-1 \ 또는 \ x=1$$

함수 $f(x)$의 증가와 감소를 표로 나타내면 다음과 같다.

x	$\cdots$	-1	$\cdots$	1	$\cdots$
$f'(x)$	$+$	0	$-$	0	$+$
$f(x)$	$\nearrow$	3	$\searrow$	-1	$\nearrow$

따라서 방정식 $f(x)=0$의 서로 다른 세 실근은 $x<-1$, $-1<x<1$, $x>1$에서 각각 하나씩 존재한다.

$$\therefore \alpha<-1,\ \beta>1$$

$$\int_\alpha^\beta 3|x^2-1|\,dx$$

$$=\int_\alpha^{-1}(3x^2-3)\,dx+\int_{-1}^1(3-3x^2)\,dx+\int_1^\beta(3x^2-3)\,dx$$

$$=\Big[x^3-3x\Big]_\alpha^{-1}+\Big[3x-x^3\Big]_{-1}^1+\Big[x^3-3x\Big]_1^\beta$$

$$=\{2-(a^3-3a)\}+\{2-(-2)\}+\{(\beta^3-3\beta)-(-2)\}$$

$$=-(a^3-3a)+(\beta^3-3\beta)+8$$

이때, $f(\alpha)=0$, $f(\beta)=0$에서

$$\alpha^3-3\alpha+1=0,\ \beta^3-3\beta+1=0$$

이므로

$$\int_\alpha^\beta 3|x^2-1|\,dx=-(-1)+(-1)+8=8$$　　답 ②

03

$f(x+y)=f(x)+f(y)-2xy(x+y)+2$에 $x=0$, $y=0$을
대입하면
$f(0)=2f(0)+2$　∴ $f(0)=-2$　……㉠

$$f'(x)=\lim_{h\to0}\frac{f(x+h)-f(x)}{h}$$
$$=\lim_{h\to0}\frac{f(x)+f(h)-2xh(x+h)+2-f(x)}{h}$$
$$=\lim_{h\to0}\frac{f(h)+2-2xh(x+h)}{h}$$
$$=\lim_{h\to0}\left\{\frac{f(0+h)-f(0)}{h}-2x(x+h)\right\}\ (\because㉠)$$
$$=f'(0)-2x^2$$　……㉡

$f(x)=-\dfrac{2}{3}x^3+f'(0)x+C$ (C는 적분상수)에서

$f(0)=C=-2$

∴ $f(x)=-\dfrac{2}{3}x^3+f'(0)x-2$　……㉢

ㄱ. ㉢에 $x=1$을 대입하면

$f(1)=-\dfrac{2}{3}+f'(0)-2=f'(0)-\dfrac{8}{3}$ (거짓)

ㄴ. $f'(2)=-6$이면 ㉡에서
$-6=f'(0)-8$, $f'(0)=2$

∴ $f'(x)=-2x^2+2$

$f'(x)=0$에서 $x=-1$ 또는 $x=1$

함수 $f(x)$의 증가와 감소를 표로 나타내면 다음과 같다.

x	$\cdots$	-1	$\cdots$	1	$\cdots$
$f'(x)$	$-$	0	$+$	0	$-$
$f(x)$	$\searrow$	극소	$\nearrow$	극대	$\searrow$

따라서 함수 $f(x)$는 $x=-1$, $x=1$에서 극값을 갖는다. (참)

ㄷ. 함수 $f(x)$가 삼차함수이고 극값을 가지므로 방정식 $f'(x)=0$
이 서로 다른 두 실근을 가져야 한다.

㉡에서 $f'(0)-2x^2=0$, $x^2=\dfrac{f'(0)}{2}$

방정식 $f'(x)=0$의 두 실근을 α, $-\alpha$라 하면 ㉢에서 함수
$f(x)$의 모든 극값의 합은
$$f(\alpha)+f(-\alpha)$$
$$=\left\{-\frac{2}{3}\alpha^3+f'(0)\alpha-2\right\}+\left\{\frac{2}{3}\alpha^3-f'(0)\alpha-2\right\}$$
$$=-4\ (참)$$

따라서 옳은 것은 ㄴ, ㄷ이다.　　答 ④

04

$$f(3)=k\int_0^6|3-t|dt$$
$$=k\left\{\int_0^3(3-t)dt+\int_3^6(t-3)dt\right\}$$
$$=k\left\{\left[3t-\frac{1}{2}t^2\right]_0^3+\left[\frac{1}{2}t^2-3t\right]_3^6\right\}$$
$$=9k$$

$9k=3$에서 $k=\dfrac{1}{3}$

∴ $f(x)=\dfrac{1}{3}\displaystyle\int_0^6|x-t|dt$

(i) $0\le x\le6$일 때,
　$0\le t\le6$에 대하여
$$|x-t|=\begin{cases}x-t\ (0\le t\le x)\\t-x\ (x<t\le6)\end{cases}$$
이므로
$$f(x)=\frac{1}{3}\int_0^6|x-t|dt$$
$$=\frac{1}{3}\left\{\int_0^x(x-t)dt+\int_x^6(t-x)dt\right\}$$
$$=\frac{1}{3}\left\{\left[xt-\frac{1}{2}t^2\right]_0^x+\left[\frac{1}{2}t^2-xt\right]_x^6\right\}$$
$$=\frac{1}{3}\left\{\left(x^2-\frac{1}{2}x^2\right)+\left(18-6x-\frac{1}{2}x^2+x^2\right)\right\}$$
$$=\frac{1}{3}(x^2-6x+18)$$

(ii) $x>6$일 때,
　$0\le t\le6$에 대하여
　$|x-t|=x-t$이므로
$$f(x)=\frac{1}{3}\int_0^6(x-t)dt$$
$$=\frac{1}{3}\left[xt-\frac{1}{2}t^2\right]_0^6$$
$$=\frac{1}{3}(6x-18)$$
$$=2x-6$$

(i), (ii)에서
$$\int_0^9kf(x)dx=\frac{1}{3}\left\{\int_0^6\frac{1}{3}(x^2-6x+18)dx+\int_6^9(2x-6)dx\right\}$$
$$=\frac{1}{9}\left[\frac{1}{3}x^3-3x^2+18x\right]_0^6+\frac{1}{3}\left[x^2-6x\right]_6^9$$
$$=\frac{1}{9}\times72+\frac{1}{3}\times27$$
$$=17$$　　　答 17

05

$f(0)=1$, $f(1)=2t+2$이고 $f(x)=(x+t)^2-t^2+1$

$0\le x\le1$에서 $f(x)$의 최댓값은 $f(0)$, $f(1)$ 중 큰 값이므로

$$g(t)=\begin{cases}1&\left(t<-\dfrac{1}{2}\right)\\2t+2&\left(t\ge-\dfrac{1}{2}\right)\end{cases}$$

또한 $h(t)$는 $0\le x\le1$에서 $f(x)$의 최솟값이므로

(i) $0\le-t<1$, 즉 $-1<t\le0$일 때

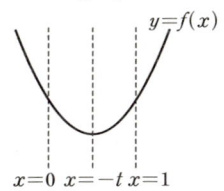

$h(t)=f(-t)=-t^2+1$

(ii) $-t<0$, 즉 $t>0$일 때

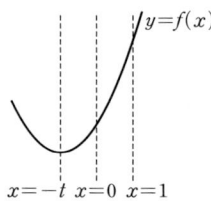

$$h(t)=f(0)=1$$

(iii) $-t \geq 1$, 즉 $t \leq -1$일 때

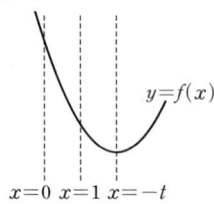

$$h(t)=f(1)=2t+2$$

(i)~(iii)에서

$$h(t)=\begin{cases} 2t+2 & (t \leq -1) \\ -t^2+1 & (-1 < t \leq 0) \\ 1 & (t > 0) \end{cases}$$

따라서

$$\int_{-2}^{2}\{g(t)-h(t)\}dt$$

$$=\int_{-2}^{-1}\{1-(2t+2)\}dt+\int_{-1}^{-\frac{1}{2}}\{1-(-t^2+1)\}dt$$

$$\qquad +\int_{-\frac{1}{2}}^{0}\{(2t+2)-(-t^2+1)\}dt+\int_{0}^{2}\{(2t+2)-1\}dt$$

$$=\int_{-2}^{-1}(-2t-1)dt+\int_{-1}^{-\frac{1}{2}}t^2\,dt$$

$$\qquad\qquad +\int_{-\frac{1}{2}}^{0}(t^2+2t+1)dt+\int_{0}^{2}(2t+1)dt$$

$$=\left[-t^2-t\right]_{-2}^{-1}+\left[\frac{1}{3}t^3\right]_{-1}^{-\frac{1}{2}}+\left[\frac{1}{3}t^3+t^2+t\right]_{-\frac{1}{2}}^{0}+\left[t^2+t\right]_{0}^{2}$$

$$=2+\frac{7}{24}+\frac{7}{24}+6$$

$$=\frac{103}{12}$$

🖩 ⑤

06

$g(x)=\int_{0}^{x}tf(t)dt$이므로 $g'(x)=xf(x)$

$$f(x)=\begin{cases} -x & (x<0) \\ x & (0 \leq x < 1) \\ 2-x & (x \geq 1) \end{cases}$$

ㄱ. $g'(x)=\begin{cases} -x^2 & (x<0) \\ x^2 & (0<x<1) \\ x(2-x) & (x>1) \end{cases}$에서

$\displaystyle\lim_{x \to 0+}g'(x)=\lim_{x \to 0+}x^2=0$, $\displaystyle\lim_{x \to 0-}g'(x)=\lim_{x \to 0-}(-x^2)=0$

이므로

$$\lim_{x \to 0+}g'(x)=\lim_{x \to 0-}g'(x) \qquad\qquad \cdots\cdots\ ㉠$$

또한 $\displaystyle\lim_{x \to 1+}g'(x)=\lim_{x \to 1+}x(2-x)=1$,

$$\lim_{x \to 1-}g'(x)=\lim_{x \to 1-}x^2=1$$

이므로

$$\lim_{x \to 1+}g'(x)=\lim_{x \to 1-}g'(x) \qquad\qquad \cdots\cdots\ ㉡$$

㉠, ㉡에 의하여 함수 $g(x)$는 $x=0$, $x=1$에서 미분가능하므로 $g(x)$는 모든 실수 x에서 미분가능하다. (참)

ㄴ. (i) $x<0$일 때, $g(x)=\int_{0}^{x}(-t^2)dt=-\frac{1}{3}x^3$

　(ii) $0 \leq x < 1$일 때, $g(x)=\int_{0}^{x}t^2dt=\frac{1}{3}x^3$

　(iii) $x \geq 1$일 때,

$$g(x)=\int_{0}^{1}t^2dt+\int_{1}^{x}t(2-t)dt$$

$$=\frac{1}{3}+\left[t^2-\frac{1}{3}t^3\right]_{1}^{x}=-\frac{1}{3}x^3+x^2-\frac{1}{3}$$

에서 $g(2)=1>0$, $g(3)=-\frac{1}{3}<0$이고 $g(x)$가 닫힌구간 $[2, 3]$에서 연속이므로

방정식 $g(x)=0$은 열린구간 $(2, 3)$에서 적어도 하나의 실근을 갖는다. (참)

ㄷ. ㄱ, ㄴ에서 $g(x)=\begin{cases} -\frac{1}{3}x^3 & (x<0) \\ \frac{1}{3}x^3 & (0 \leq x < 1) \\ -\frac{1}{3}x^3+x^2-\frac{1}{3} & (x \geq 1) \end{cases}$이고

$g'(0)=0$, $g'(2)=0$이므로 함수 $y=g(x)$의 그래프의 개형은 다음 그림과 같다.

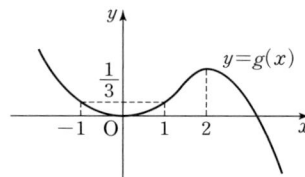

즉, 방정식 $g(x)=0$의 서로 다른 실근의 개수는 2이다. (참)
따라서 옳은 것은 ㄱ, ㄴ, ㄷ이다.

🖩 ⑤

07

조건 ㈎에 의하여 함수 $f(x)$는 실수 전체의 집합에서 감소하는 연속함수이다. 한편, 함수 $y=f(x+2)$의 그래프는 함수 $y=f(x)$의 그래프를 x축의 방향으로 -2만큼 평행이동한 것이므로 모든 실수 a에 대하여

$$\int_{a}^{a+2}f(x)dx=\int_{a-2}^{a}f(x+2)dx$$

이때, 조건 ㈏에서 모든 실수 x에 대하여 $f(x+2)=f(x)-6$이므로

$$\int_{a}^{a+2}f(x)dx=\int_{a-2}^{a}f(x)dx-\int_{a-2}^{a}6\,dx$$

$$=\int_{a-2}^{a}f(x)dx-\left[6x\right]_{a-2}^{a}$$

$$=\int_{a-2}^{a}f(x)dx-12 \qquad\qquad \cdots\cdots\ ㉠$$

$f(9)=0$이므로 조건 ㈎에서 $x \leq 9$일 때 $f(x) \geq 0$이고, $x>9$일 때 $f(x)<0$이다.

이때, $\int_7^9 |f(x)|dx = \int_9^{11} |f(x)|dx$에서

$\int_7^9 f(x)dx = -\int_9^{11} f(x)dx = -\int_7^9 f(x)dx + 12$ (∵ ㉠)

$\therefore \int_7^9 f(x)dx = 6$

따라서 ㉠에서

$\int_{-1}^1 |f(x)|dx = \int_{-1}^1 f(x)dx = \int_1^3 f(x)dx + 12$

$= \int_3^5 f(x)dx + 24 = \int_5^7 f(x)dx + 36$

$= \int_7^9 f(x)dx + 48$

$= 6 + 48 = 54$

달 54

08

곡선 $y = f(x)$ 위의 임의의 점 $P(t, f(t))$에서의 접선의 방정식은

$y = f'(t)(x-t) + f(t)$

조건 ㈎에서 이 접선이 점 $(2t, g(2t))$를 지나므로

$g(2t) = f'(t)(2t - t) + f(t)$

$\therefore g(2t) = f(t) + tf'(t)$ ...... ㉠

한편, $\{tf(t)\}' = f(t) + tf'(t)$이고

$g(2t) = a \times (2t)^3 + 3 \times (2t) + 2 = 8at^3 + 6t + 2$

이므로 ㉠에서

$\{tf(t)\}' = 8at^3 + 6t + 2$

$\therefore tf(t) = \int (8at^3 + 6t + 2)dt$

$\qquad = 2at^4 + 3t^2 + 2t + C$ (단, C는 적분상수)

양변에 $t = 0$을 대입하면

$C = 0$

$\therefore tf(t) = 2at^4 + 3t^2 + 2t$ ...... ㉡

$f(t)$는 다항함수이므로

$f(t) = 2at^3 + 3t + 2$

$f(0) = 2$이고 $a > 0$이므로 $t > 0$일 때

$f'(t) = 6at^2 + 3 > 0$

따라서 $t > 0$일 때 $f(t)$가 증가함수이므로 $f(t) > 0$, 즉 점 $P(t, f(t))$는 제1사분면 위의 점이다.

조건 ㈏와 ㉡으로부터

$S(t) = \frac{1}{2} \times \overline{OQ} \times \overline{PQ}$

$\qquad = \frac{1}{2}tf(t) = at^4 + \frac{3}{2}t^2 + t$

$\int_1^2 S(t)dt = \left[\frac{a}{5}t^5 + \frac{1}{2}t^3 + \frac{1}{2}t^2 \right]_1^2$

$\qquad = \frac{31}{5}a + 5 = 36$

따라서 $a = 5$이므로

$f(x) = 10x^3 + 3x + 2$, $g(x) = 5x^3 + 3x + 2$

$\therefore \int_0^2 |f(x) - g(x)|dx = \int_0^2 5x^3 dx$

$\qquad = \left[\frac{5}{4}x^4 \right]_0^2 = 20$

달 20

09

조건 ㈎에서 함수 $f(x)$가 $x = 0$에서 극댓값을 갖고 조건 ㈏에서 함수 $|f(x)|$가 $x = -1$에서 미분가능하지 않으므로 함수 $y = |f(x)|$의 그래프 개형은 다음과 같이 경우를 나누어 생각할 수 있다.

함수 $f(x)$의 극솟값을 k라 하면

(i) $k \geq 0$일 때

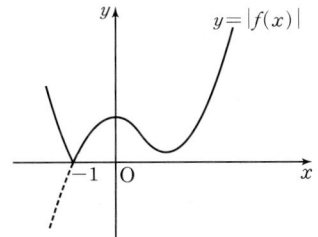

$x > 0$일 때 $f(x) \geq 0$이므로 함수 $g(t) = \int_0^{t^2} f(x)dx$는 $t > 0$에서 증가함수이다. 즉, $t > 0$에서 극솟값을 갖지 않으므로 조건에 모순이다.

(ii) $k < 0$일 때

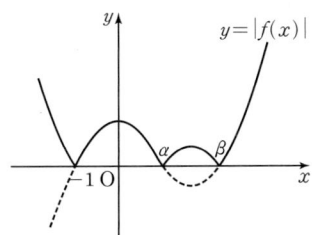

함수 $y = |f(x)|$의 그래프와 x축의 교점의 x좌표를 α, $\beta (-1 < \alpha < \beta)$라 하면 함수 $g(t) = \int_0^{t^2} f(x)dx$는 $t^2 = \beta$일 때 극솟값을 가지므로

$\beta = 3$

$f(-1) = 0$, $f(\alpha) = 0$, $f(3) = 0$이므로

$f(x) = (x+1)(x-\alpha)(x-3)$에서

$f'(x) = (x-\alpha)(x-3) + (x+1)(x-3) + (x+1)(x-\alpha)$

조건 ㈎에서 $f'(0) = 0$이므로

$f'(0) = 2\alpha - 3 = 0$ $\quad \therefore \alpha = \frac{3}{2}$

따라서

$f(x) = (x+1)\left(x - \frac{3}{2}\right)(x-3)$

$\qquad = x^3 - \frac{7}{2}x^2 + \frac{9}{2}$

이므로

$12g(1) = 12\int_0^1 \left(x^3 - \frac{7}{2}x^2 + \frac{9}{2} \right)dx$

$\qquad = \left[3x^4 - 14x^3 + 54x \right]_0^1 = 43$

달 43

정답과 풀이

개념 & 대표 유형 짚어보기　　　　본문 44 ~ 45쪽

01 ③　　**02** ③　　**03** 18　　**04** ②　　**05** ②　　**06** 78

07 ③

01

극댓값을 갖는 점의 x좌표를 α라 하면 도함수 $y=f'(x)$의 그래프와 x축으로 둘러싸인 부분의 넓이는

$$\int_2^6 |f'(x)|\,dx = \int_2^\alpha f'(x)\,dx - \int_\alpha^6 f'(x)\,dx$$
$$= f(\alpha) - f(2) - f(6) + f(\alpha)$$
$$= 3 - (-2) - 1 + 3 = 7 \qquad \text{🖪 ③}$$

02

$f_n(x) = x^n(1-x)$의 그래프의 개형은 다음 그림과 같다.

(i) n이 짝수일 때

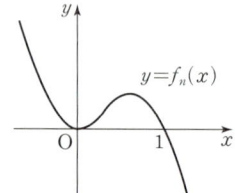

(ii) n이 홀수일 때

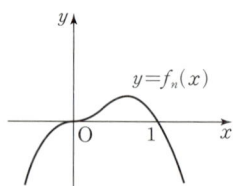

위의 그림과 같이 $0 \le x \le 1$에서 $f_n(x) \ge 0$이므로

$$S_n = \int_0^1 f_n(x)\,dx$$

ㄱ. $S_1 = \int_0^1 f_1(x)\,dx = \int_0^1 x(1-x)\,dx = \dfrac{1}{6}$ (참)

ㄴ. $f_n(x) - f_{n+1}(x) = x^n(1-x) - x^{n+1}(1-x)$
$$\qquad\qquad\qquad = x^n(1-x)^2 \ge 0 \ (0 \le x \le 1)$$

이므로

$$\int_0^1 \{f_n(x) - f_{n+1}(x)\}\,dx > 0$$

$$\int_0^1 f_n(x)\,dx > \int_0^1 f_{n+1}(x)\,dx$$

$$\therefore S_n > S_{n+1} \text{ (참)}$$

ㄷ. $S_n = \int_0^1 (x^n - x^{n+1})\,dx$

$$= \left[\dfrac{1}{n+1}x^{n+1} - \dfrac{1}{n+2}x^{n+2} \right]_0^1$$

$$= \dfrac{1}{n+1} - \dfrac{1}{n+2}$$

$$\therefore \sum_{k=1}^{10} S_k = \sum_{k=1}^{10} \left(\dfrac{1}{k+1} - \dfrac{1}{k+2} \right)$$

$$= \left(\dfrac{1}{2} - \dfrac{1}{3} \right) + \left(\dfrac{1}{3} - \dfrac{1}{4} \right) + \cdots + \left(\dfrac{1}{11} - \dfrac{1}{12} \right)$$

$$= \dfrac{1}{2} - \dfrac{1}{12} = \dfrac{5}{12} \ \text{(거짓)}$$

따라서 옳은 것은 ㄱ, ㄴ이다.　　　　🖪 ③

03

두 곡선 $y=f(x)$와 $y=g(x)$는 직선 $y=x$에 대하여 대칭이고 $f(x)=x^3+x$에서 $f(1)=2$, $f(2)=10$이므로 $g(2)=1$, $g(10)=2$이다.

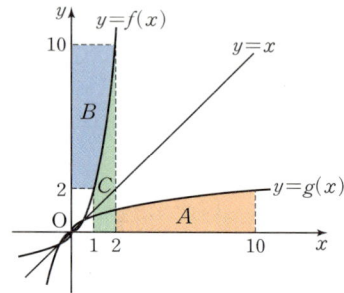

따라서 위의 그림에서 (A 부분의 넓이)=(B 부분의 넓이)이므로

$$\int_2^{10} g(x)\,dx - \int_2^1 f(x)\,dx = \int_2^{10} g(x)\,dx + \int_1^2 f(x)\,dx$$

$$= (B \text{ 부분의 넓이}) + (C \text{ 부분의 넓이})$$

$$= 10 \times 2 - 2 \times 1 = 18 \qquad \text{🖪 18}$$

04

점 B의 좌표를 $B(\beta, 0)$이라 하면

$$\int_0^\beta (-x^3 + x + a)\,dx = 0$$이므로

$$\left[-\dfrac{1}{4}x^4 + \dfrac{1}{2}x^2 + ax \right]_0^\beta = -\dfrac{1}{4}\beta^4 + \dfrac{1}{2}\beta^2 + a\beta = 0$$

$\beta > 0$이므로 $\beta^3 - 2\beta - 4a = 0$　　　　$\cdots\cdots$ ㉠

점 $B(\beta, 0)$은 곡선 $y = -x^3 + x + a$ 위에 있으므로

$$-\beta^3 + \beta + a = 0 \qquad\qquad\qquad\cdots\cdots \text{㉡}$$

㉠, ㉡에서 $-3\beta^3 + 2\beta = 0$

$$\therefore \beta = \sqrt{\dfrac{2}{3}} \ (\because \beta > 0)$$

$$\therefore a = \beta^3 - \beta = -\dfrac{1}{3}\sqrt{\dfrac{2}{3}} = -\dfrac{\sqrt{6}}{9} \qquad \text{🖪 ②}$$

05

$f(x) = x^3 - 4x^2 + x + 2$라 하면 곡선 $y=f(x)$와 직선 $y = -3x + a$가 서로 다른 두 점에서 만나기 위해서는 곡선 $y=f(x)$와 직선 $y = -3x + a$가 접해야 한다.

접점의 좌표를 $(t, f(t))$라 하면

$f'(x) = 3x^2 - 8x + 1$에서

$f'(t) = 3t^2 - 8t + 1 = -3$

$3t^2 - 8t + 4 = 0$, $(3t-2)(t-2) = 0$

$$\therefore t = \dfrac{2}{3} \text{ 또는 } t = 2$$

(ⅰ) $t=\dfrac{2}{3}$일 때

$$f\left(\dfrac{2}{3}\right)=\dfrac{8}{27}-\dfrac{16}{9}+\dfrac{2}{3}+2=-2+a$$에서

$$\dfrac{32}{27}=-2+a \qquad \therefore a=\dfrac{86}{27}$$

(ⅱ) $t=2$일 때

$$f(2)=8-16+2+2=-6+a$$에서

$$-4=-6+a \qquad \therefore a=2$$

문제의 조건에서 $a<3$이므로

$a=2$

곡선 $y=f(x)$와 직선 $y=-3x+2$가 만나는 점의 x좌표는

$x^3-4x^2+x+2=-3x+2$에서

$x^3-4x^2+4x=0,\ x(x-2)^2=0$

$\therefore x=0$ 또는 $x=2$

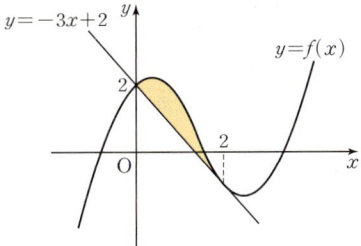

따라서 구하는 넓이를 S라 하면

$$S=\int_0^2 \{(x^3-4x^2+x+2)-(-3x+2)\}dx$$

$$=\int_0^2 (x^3-4x^2+4x)dx$$

$$=\left[\dfrac{1}{4}x^4-\dfrac{4}{3}x^3+2x^2\right]_0^2$$

$$=\dfrac{1}{4}\times 2^4-\dfrac{4}{3}\times 2^3+2\times 2^2=\dfrac{4}{3}$$

답 ②

06

$v(t)=\dfrac{1}{6}t^2+t$이므로 자동차가 출발 후 a분 동안 30 km를 움직였다고 하면

$$\int_0^a |v(t)|dt=\int_0^a \left(\dfrac{1}{6}t^2+t\right)dt$$

$$=\left[\dfrac{1}{18}t^3+\dfrac{1}{2}t^2\right]_0^a$$

$$=\dfrac{1}{18}a^3+\dfrac{1}{2}a^2=30$$

$a^3+9a^2-540=0,\ (a-6)(a^2+15a+90)=0$

$\therefore a=6$

$v(6)=\dfrac{1}{6}\times 6^2+6=12$이므로 $v(t)$의 그래프는 다음 그림과 같다.

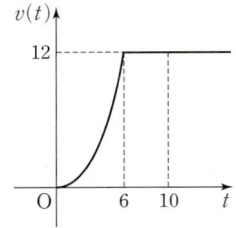

따라서 출발 후 10분 동안 자동차가 움직인 거리는

$$\int_0^6 |v(t)|dt+(10-6)\times 12=30+48=78$$

답 78

07

다음 그림의 네 부분 A, B, C, D의 넓이를 각각 S_1, S_2, S_3, S_4라 하자.

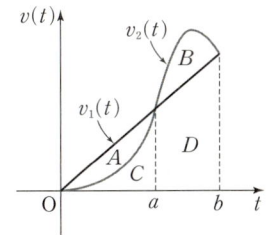

ㄱ. 두 점 P, Q가 같은 지점에서 동시에 출발하여 동시에 같은 지점에 도착하였으므로 위치의 변화량과 시간은 같다.
즉, 평균 속도는 같다. (참)

ㄴ. $t=a$에서 점 P의 위치는 S_1+S_3이고 점 Q의 위치는 S_3이므로 점 P가 S_1만큼 앞서 있다. (거짓)

ㄷ. $\displaystyle\int_0^b v_1(t)dt=\int_0^b v_2(t)dt$이므로

$$S_1+S_3+S_4=S_3+S_2+S_4 \qquad \therefore S_1=S_2 \text{ (참)}$$

따라서 옳은 것은 ㄱ, ㄷ이다.

답 ③

심화 유형 도전하기　　　　　본문 46 ~ 47쪽

01 20　　**02** ①　　**03** ②　　**04** 10　　**05** ①　　**06** 1

01

직선 l의 방정식을 $y=mx+n$ (m, n은 상수)라 하자.

$x^2-x-\dfrac{1}{4}=mx+n$에서 $x^2-(m+1)x-\left(n+\dfrac{1}{4}\right)=0$

이 이차방정식이 중근을 가져야 하므로 판별식을 D_1이라 하면

$$D_1=(m+1)^2+4\left(n+\dfrac{1}{4}\right)=0 \qquad \cdots\cdots \text{㉠}$$

$x^2-5x+\dfrac{15}{4}=mx+n$에서 $x^2-(m+5)x+\left(\dfrac{15}{4}-n\right)=0$

이 이차방정식도 중근을 가져야 하므로 판별식을 D_2라 하면

$$D_2=(m+5)^2-4\left(\dfrac{15}{4}-n\right)=0 \qquad \cdots\cdots \text{㉡}$$

㉠, ㉡을 연립하여 풀면

$$m=-1,\ n=-\dfrac{1}{4}$$

따라서 직선 l의 방정식은 $y=-x-\dfrac{1}{4}$

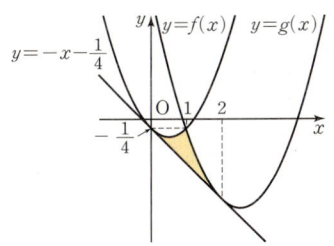

직선 l은 곡선 $y=f(x)$와 $x=0$에서 접하고, 곡선 $y=g(x)$와 $x=2$에서 접한다. 또한 $x^2-x-\dfrac{1}{4}=x^2-5x+\dfrac{15}{4}$에서 $x=1$이므로 두 곡선 $y=f(x)$와 $y=g(x)$는 $x=1$에서 만난다.

$$S=\int_0^1\left\{\left(x^2-x-\dfrac{1}{4}\right)-\left(-x-\dfrac{1}{4}\right)\right\}dx$$
$$+\int_1^2\left\{\left(x^2-5x+\dfrac{15}{4}\right)-\left(-x-\dfrac{1}{4}\right)\right\}dx$$
$$=\int_0^1 x^2\,dx+\int_1^2(x^2-4x+4)\,dx$$
$$=\left[\dfrac{1}{3}x^3\right]_0^1+\left[\dfrac{1}{3}x^3-2x^2+4x\right]_1^2$$
$$=\dfrac{1}{3}+\dfrac{1}{3}=\dfrac{2}{3}$$
$$\therefore 30S=30\times\dfrac{2}{3}=20$$

🖐 20

02

원 $x^2+y^2=1$ 위의 점 $\left(\dfrac{1}{2},\,-\dfrac{\sqrt{3}}{2}\right)$에서의 접선 l의 방정식은

$$\dfrac{1}{2}x-\dfrac{\sqrt{3}}{2}y=1$$
$$\therefore y=\dfrac{\sqrt{3}}{3}(x-2)$$
$$-\dfrac{\sqrt{3}}{3}(x-3)(x-a)=\dfrac{\sqrt{3}}{3}(x-2)\text{에서}$$
$$(x-3)(x-a)+x-2=0$$
$$x^2-(2+a)x+3a-2=0 \qquad\cdots\cdots\text{㉠}$$

이 이차방정식의 판별식을 D라 하면

$$D=(2+a)^2-4(3a-2)$$
$$=a^2-8a+12=(a-2)(a-6)=0$$
$$\therefore a=6\ (\because a>3)$$

㉠에 대입하면 $x^2-8x+16=0$에서 $x=4$
따라서 직선 l과 곡선 $y=-\dfrac{\sqrt{3}}{3}(x-3)(x-6)$의 접점의 좌표는 $\left(4,\,\dfrac{2\sqrt{3}}{3}\right)$이다.

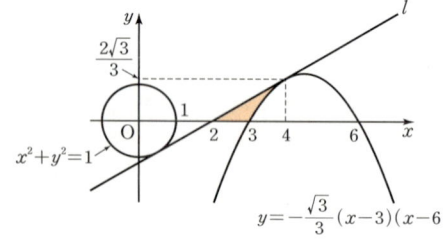

따라서 구하는 넓이는

$$\dfrac{1}{2}\times 2\times\dfrac{2\sqrt{3}}{3}-\int_3^4\left\{-\dfrac{\sqrt{3}}{3}(x-3)(x-6)\right\}dx$$
$$=\dfrac{2\sqrt{3}}{3}+\dfrac{\sqrt{3}}{3}\int_3^4(x^2-9x+18)\,dx$$
$$=\dfrac{2\sqrt{3}}{3}+\dfrac{\sqrt{3}}{3}\left[\dfrac{1}{3}x^3-\dfrac{9}{2}x^2+18x\right]_3^4$$
$$=\dfrac{2\sqrt{3}}{3}+\dfrac{\sqrt{3}}{3}\left(\dfrac{37}{3}-\dfrac{63}{2}+18\right)$$
$$=\dfrac{5\sqrt{3}}{18}$$

🖐 ①

03

두 곡선의 교점의 x좌표는
$$-2x^2=-x^2+2x-35\text{에서}$$
$$x^2+2x-35=0,\ (x+7)(x-5)=0$$
$$\therefore \alpha=-7,\ \beta=5$$

$-7\le t\le 5$이고, $x=t$에서의 곡선 $y=-x^2+2x-35$의 접선의 방정식은
$$y-(-t^2+2t-35)=(-2t+2)(x-t)$$
$$\therefore y=(-2t+2)x+t^2-35$$

이 접선과 곡선 $y=-2x^2$의 교점의 x좌표는
$$-2x^2=(-2t+2)x+t^2-35\text{에서}$$
$$2x^2+(-2t+2)x+t^2-35=0 \qquad\cdots\cdots\text{㉠}$$

이차방정식 ㉠의 판별식을 D라 하면
$$\dfrac{D}{4}=(-t+1)^2-2(t^2-35)=-t^2-2t+71$$
$$=-(t+1)^2+72$$

$-7\le t\le 5$에서 $\dfrac{D}{4}>0$이므로 이차방정식 ㉠은 서로 다른 두 실근을 갖는다.

이 두 실근을 $a,\,b\ (a<b)$라 하면
$$S(t)=\int_a^b\{-2x^2-(-2t+2)x-t^2+35\}dx$$
$$=-2\int_a^b(x-a)(x-b)\,dx$$
$$=\dfrac{1}{3}(b-a)^3$$

㉠에서 이차방정식의 근과 계수의 관계에 의하여
$$a+b=t-1,\ ab=\dfrac{t^2-35}{2}\text{이므로}$$
$$(b-a)^2=(b+a)^2-4ab$$
$$=(t-1)^2-4\times\dfrac{t^2-35}{2}$$
$$=-t^2-2t+71$$
$$=-(t+1)^2+72$$
$$\therefore S(t)=\dfrac{1}{3}(b-a)^3$$
$$=\dfrac{1}{3}\{-(t+1)^2+72\}^{\frac{3}{2}}$$

따라서 $S(t)$는 $t=-1$일 때 최댓값을 가지고 그 최댓값은
$$\dfrac{1}{3}\times 72^{\frac{3}{2}}=\dfrac{1}{3}\times 3^3\times 2^{\frac{9}{2}}=144\sqrt{2}$$

🖐 ②

04

$$y=x^2+x+4-|3x|$$
$$=\begin{cases}x^2+4x+4\ (x<0)\\ x^2-2x+4\ (x\ge0)\end{cases}$$

(i) $x<0$일 때
곡선 $y=x^2+4x+4$와
직선 $y=mx+4$의 교점의 x좌표는

$x^2+4x+4=mx+4$에서

$x^2-(m-4)x=0$

$\therefore x=0$ 또는 $x=m-4$

곡선 $y=x^2+4x+4$와 직선 $y=mx+4$로 둘러싸인 부분의 넓이를 S_1이라 하자.

$m-4\geq0$일 때, $S_1=0$

$m-4<0$, 즉 $m<4$일 때

$$S_1=\int_{m-4}^{0}\{(mx+4)-(x^2+4x+4)\}\,dx$$

$$=\int_{m-4}^{0}\{-x^2+(m-4)x\}\,dx$$

$$=\left[-\frac{1}{3}x^3+\frac{m-4}{2}x^2\right]_{m-4}^{0}$$

$$=\frac{1}{3}(m-4)^3-\frac{1}{2}(m-4)^3$$

$$=-\frac{1}{6}(m-4)^3$$

(ii) $x\geq0$일 때

곡선 $y=x^2-2x+4$와 직선 $y=mx+4$의 교점의 x좌표는

$x^2-2x+4=mx+4$에서 $x^2-(m+2)x=0$

$\therefore x=0$ 또는 $x=m+2$

곡선 $y=x^2-2x+4$와 직선 $y=mx+4$로 둘러싸인 부분의 넓이를 S_2라 하자.

$m+2\leq0$일 때, $S_2=0$

$m+2>0$, 즉 $m>-2$일 때

$$S_2=\int_{0}^{m+2}\{(mx+4)-(x^2-2x+4)\}\,dx$$

$$=\int_{0}^{m+2}\{-x^2+(m+2)x\}\,dx$$

$$=\left[-\frac{1}{3}x^3+\frac{m+2}{2}x^2\right]_{0}^{m+2}$$

$$=-\frac{1}{3}(m+2)^3+\frac{1}{2}(m+2)^3$$

$$=\frac{1}{6}(m+2)^3$$

(i), (ii)에서 S_1과 S_2의 합을 $S(m)$이라 하면

$$S(m)=\begin{cases}S_1 & (m\leq-2)\\ S_1+S_2 & (-2<m<4)\\ S_2 & (m\geq4)\end{cases}$$

$m\leq-2$일 때,

$S(m)=-\frac{1}{6}(m-4)^3\geq36$

$-2<m<4$일 때,

$S(m)=\frac{1}{6}(m+2)^3-\frac{1}{6}(m-4)^3$

$=3m^2-6m+12$

$=3(m-1)^2+9\geq9$

$m\geq4$일 때,

$S(m)=\frac{1}{6}(m+2)^3\geq36$

따라서 $S(m)$은 $m=1$일 때 최솟값 9를 갖는다.

$\therefore k=1$, $S=9$

$\therefore k+S=10$ 　　　　　　　답 10

05

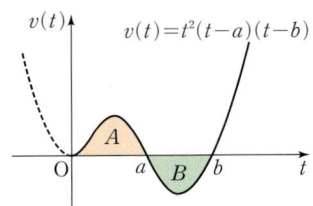

$0<t<a$에서 $v(t)>0$이므로 점 P는 출발하여 양의 방향으로 거리 $\int_{0}^{a}|v(t)|\,dt\ (=A)$만큼 움직인다.

$v(a)=0$이고 $a<t<b$에서 $v(t)<0$이므로 점 P는 $t=a$일 때 운동 방향을 바꿔 음의 방향으로, 즉 출발점의 방향으로

$\int_{a}^{b}|v(t)|\,dt\ (=B)$만큼 돌아오게 된다.

조건에서 점 P는 출발점으로 되돌아오지 않으므로 $A>B$, 즉

$$\int_{0}^{a}|v(t)|\,dt>\int_{a}^{b}|v(t)|\,dt$$

$$\int_{0}^{a}v(t)\,dt>-\int_{a}^{b}v(t)\,dt$$

$$\int_{0}^{a}v(t)\,dt+\int_{a}^{b}v(t)\,dt>0$$

$$\therefore \int_{0}^{b}v(t)\,dt>0$$

따라서 $\int_{0}^{b}\{t^4-(a+b)t^3+abt^2\}\,dt>0$이므로

$$\left[\frac{1}{5}t^5-\frac{a+b}{4}t^4+\frac{ab}{3}t^3\right]_{0}^{b}$$

$$=\frac{b^5}{5}-\frac{(a+b)b^4}{4}+\frac{ab\times b^3}{3}>0$$

$$\frac{b}{5}-\frac{a+b}{4}+\frac{a}{3}>0\ (\because b>0)$$

$$5a>3b$$

$$\therefore \frac{b}{a}<\frac{5}{3}$$

따라서 $\frac{b}{a}$의 값으로 가능한 것은 ①이다. 　　답 ①

06

브레이크를 밟은 후 정지할 때까지의 자동차의 가속도가 $-a\,\text{m/s}^2$이므로 브레이크를 밟은 시점부터 t초 후의 자동차의 속도 $v(t)$는

$v(t)=20-at\ (\text{m/s})$

정지할 때의 속도가 0이므로

$v(t)=20-at=0$에서 $t=\frac{20}{a}$

따라서 이 자동차가 장애물과 부딪히기 전에 정지하기 위해서는 브레이크를 밟은 후 $\frac{20}{a}$초 동안 움직인 거리가 300 m 미만이어야 하므로

$$\int_{0}^{\frac{20}{a}}|20-at|\,dt=\frac{1}{2}\times\frac{20}{a}\times20<300$$

$$\frac{200}{a}<300,\ a>\frac{2}{3}$$

따라서 구하는 자연수 a의 최솟값은 1이다. 　　답 1

함수 $y=g(t)$의 그래프를 바탕으로 최고차항의 계수가 양수인 삼차함수 $y=f(x)$의 그래프를 그리면 다음 그림과 같다.

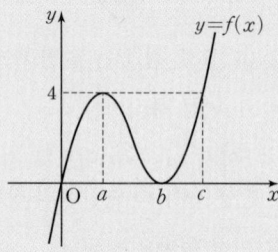

$f(0)=f(b)=0$, $f'(b)=0$이므로
$f(x)=px(x-b)^2\ (p>0)$으로 놓을 수 있다.
이때,
$$f'(x)=p(x-b)^2+2px(x-b)$$
$$=p(x-b)(3x-b)$$
이므로
$f'(x)=0$에서 $x=b$ 또는 $x=\dfrac{b}{3}$

$f'(a)=0$이므로 $a=\dfrac{b}{3}$ $\therefore b=3a\ (\because 0<a<b)$

$\therefore f(x)=px(x-3a)^2$
이때, $f(a)=4pa^3=4$ $\therefore pa^3=1$ ······ ㉠
한편, 방정식 $f(x)=f(a)$에서
$$px^3-6pax^2+9pa^2x-4pa^3=0$$
$$x^3-6ax^2+9a^2x-4a^3=0$$
$$(x-a)^2(x-4a)=0$$
$\therefore x=a$ 또는 $x=4a$
$x=a$가 중근이고 $x=c$가 다른 한 실근이어야 하므로
$c=4a$
$\therefore a+c=a+4a=5a$
또한 $f'(x)=p(x-3a)(3x-3a)$
$$=3p(x-a)(x-3a)$$
이므로 함수 $y=f'(x)$의 그래프는 다음 그림과 같다.

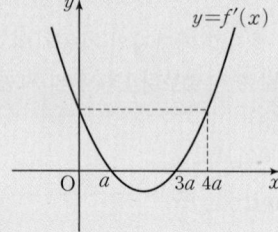

$\therefore \displaystyle\int_0^{a+c} |f'(x)|\,dx$
$$=\int_0^{5a} |f'(x)|\,dx$$
$$=\int_0^a f'(x)\,dx-\int_a^{3a} f'(x)\,dx+\int_{3a}^{5a} f'(x)\,dx$$
$$=\Big[f(x)\Big]_0^a-\Big[f(x)\Big]_a^{3a}+\Big[f(x)\Big]_{3a}^{5a}$$

$$=f(a)-f(0)-f(3a)+f(a)+f(5a)-f(3a)$$
$$=f(5a)+8\ (\because f(0)=f(3a)=0,\ f(a)=4)$$
한편, $f(5a)=p(5a)(2a)^2$
$$=20pa^3=20\ (\because ㉠)$$
이므로
$$\int_0^{a+c} |f'(x)|\,dx=20+8=28$$

目 28

Memo

Memo

PROJECT 531

수학II H

수학 우월하게